DEMMLER VERLAG

Wolf Karge

Heiligendamm

Erstes deutsches Seebad

GEGRÜNDET 1793

DEMMLER VERLAG

Titelbild:
F. Jahn, Heiligendammer Badebetrieb
Gemälde um 1800 (Ausschnitt)
Fotos und Reproduktionen:
Egon Fischer, Stäbelow,
Karl Eschenburg (S. 72, 75, 111 oben)
Gerhard Weber (S. 80, 99, 100)

Lektorat:
Bernd Grabowski, Berlin

Für die freundliche Unterstützung bei der Bereitstellung der
Originalfotos, -zeichnungen und -dokumente, für die Anfertigung
der Reproduktionen und für die Veröffentlichungsgenehmigung
sei dem Stadtmuseum Bad Doberan, dem Kulturhistorischen
Museum Rostock, dem Mecklenburgischen Landeshauptarchiv
und dem Deutschen Historischen Museum Berlin
recht herzlich gedankt.

© 1993 Demmler-Verlag
Bahnhofstr. 36
O-2764 Schwerin
Neue PLZ: 19057
Telef./Telefax: 03 85/4 49 79

Druck: Ostsee-Druck Rostock

ISBN 3-910150-17-9

INHALT

Heiligendamm mit Seebrücke

Ein Wort zuvor

Schon seit vielen Jahren war ich bemüht, dieses nun vorliegende Buch in die Tat umzusetzen. Streng reglementierte Papierkontingente ließen das Vorhaben immer wieder scheitern. Den 200. Geburtstag des Ortes meiner Kindheit nun in dieser Form würdigen zu können, freut mich ganz besonders. Mein Dank geht an alle, die mich dabei unterstützt haben. Da sind zuerst meine Heiligendammer Freunde aus den Jugendjahren zu nennen, die mich immer wieder zu dieser Arbeit gedrängt haben. Mein väterlicher Freund, Dr. med. Cuno Serouvy, der mir mit Rat und Tat geholfen hat, besonders was die medizinischen und die Themen seiner eigenen Wirkungszeit als Chefarzt und Ärztlicher Direktor des Sanatoriums betraf. Freunde im Mecklenburgischen Landeshauptarchiv Schwerin (MLHA), im Stadtmuseum Doberan, im Kulturhistorischen Museum Rostock und im Archiv der Ostsee-Zeitung haben meine zahlreichen Sonderwünsche unkompliziert erfüllt und damit die vielen unbekannten Quellen zugänglich gemacht. Gerhard Weber hat aus seinem Fotoarchiv einige spektakuläre Aufnahmen aus den 30er Jahren hervorgezaubert, Fotohaus Eggers unterstützte mit seinem Fotoarchiv, und Egon Fischer ließ sich ohne Murren immer wieder neue Motivforderungen für die Fotos gefallen.

Vielleicht kann das Buch mit dazu beitragen, den „grandseigneuralen Sitz vergangener Tage" wieder einmal zu beleben oder vor einer Entfremdung zu bewahren.

Wolf Karge   Rostock im Oktober 1992

Die Gründung
vor zweihundert Jahren

„Im Anfang war das Wort." So könnte man auch die Gründung von Heiligendamm mit dem Prolog des Evangeliums umschreiben. Doch korrekter ist es wohl, hier von einem Wortwechsel zu sprechen, der zwischen Friedrich Franz I., Herzog von Mecklenburg-Schwerin, und Prof. Dr. Samuel Gottlieb Vogel, Leibmedicus des Fürsten, 1793 stattgefunden hat, ohne daß sich das Datum präzisieren läßt. Eine Notiz oder Ähnliches sind jedenfalls nicht überliefert. Erst Jahrzehnte später, als beide bereits verstorben waren, wurden Datum und Gespräch genannt. Vogel hatte seinem Landesherren aber offensichtlich in überzeugender Form von den gerade in jenem Jahr öffentlich geführten Debatten um ein deutsches Seebad berichten können. Ausgangspunkt war der von Georg Christoph Lichtenberg geschriebene Aufsatz „Warum hat Deutschland noch kein öffentliches großes Seebad?". Lichtenberg wußte, wovon er sprach, hatte er doch selbst bereits in Margate an der Themsemündung Badefreuden erlebt. Diese Fragestellung wurde, neben Vogel und anderen Medizinern, auch von dem damals noch jungen Arzt Christoph Wilhelm Hufeland begeistert aufgenommen. Preußen sollte nach seiner Meinung die große Ehre zuteil werden, und ostpreußische Orte waren im Gespräch, aber die Preußen waren in diesem Fall einmal langsamer als die Mecklenburger.

Der 22. Juli 1793, der als Gründungsdatum angenommen wird, kann nur symbolisch gewertet werden. An diesem Tag soll durch ein Bad der ersten Beamten des Landes im Meer, dem sich der Herzog und sein Gefolge anschlossen, der Bau besiegelt worden sein.

Friedrich Franz I.   *Samuel Gottlieb Vogel*

Vielleicht müßte es besser heißen – am Anfang stand das Bad. Der „Heilige Damm bey Dobberan", wie er noch im 18. Jahrhundert genannt wurde, ist natürlich wesentlich älter als dieses denkwürdige fürstliche Eintauchen in die Fluten. Von der schon frühen Existenz der Landschaft berichten zwei Legenden. Die erste ist eine klassische Sage.

Die Entstehung des Heiligen Dammes

„In grauen Vorzeiten hatte ein Schäfer stets argen Verdruß, weil er seine Herde immer einen weiten Weg um das Wasser bei Doberan herumtreiben mußte, da der Conventer See damals einen Teil der Ostsee bildete. Er war darüber schon recht mürrisch geworden, und seine Schritte begleiteten Stöhnen und Lamentieren ob dieser Anstrengung. Eines Tages kam ihm ein vornehm gekleideter Herr entgegen, dem der Schäfer sofort sein Leid klagte. Der Mann hörte sich freundlich das Jammerlied an und sprach dann: ,Dein Kummer soll dir genommen werden. Ich will dir einen bequemen

Damm durch das Wasser bauen, damit dein Weg verkürzt sei.' Das hörte der Schäfer gern. Doch als der Mann nun auch noch sagte: ,Wenn ich den Damm in einer Nacht baue, mußt du mir aber deine Seele geben' – merkte der Schäfer, mit wem er handelte. Da Schäfer aber kluge Menschen sind, dachte er sich eine List aus und bat darum, eine Bedingung stellen zu dürfen. ,Sie sei gewährt', sprach da der Teufel, denn kein anderer verbarg sich hinter der Maske des vornehmen Herrn. So forderte der Schäfer, drei Hähne mitbringen zu dürfen, die bei dem Bau zugegen sein sollten – einen weißen, einen roten und einen schwarzen. Alle drei Hähne würden krähen, und wenn der letzte Schrei verhallt sei, müßte der Damm fertig sein. Der Teufel, der sich natürlich listiger als ein Schäfer dünkte, willigte ein. In der folgenden Nacht war an der Ostsee bei Doberan ein emsiges Poltern und Schnaufen zu vernehmen, daß es einen recht grausen konnte. Als es langsam zu dämmern begann, war der größte Teil der Arbeit bereits bewältigt und bis zum Sonnenaufgang der Rest für einen Abgesandten der Hölle leicht zu schaffen. Doch da begann schon der erste Hahn zu krähen. ,Dat is Hahn witt; dat is so vel, as de Hund schitt', dachte der Bocksbeinige und schleppte emsig weiter große Granitblöcke ins Wasser. Doch kaum war der erste Hahnenschrei verklungen, krähte der rote Hahn aus voller Kehle, daß es dem Teufel ordentlich in die Knochen fuhr. Trotzdem sagte er nur vor sich hin: ,Dat is Hahn rod; dat het keen Nod.' Es fehlte noch ein Stein an der Vollendung des Damms, als schließlich der schwarze Hahn krähte. Mit einem gräßlichen Fluch und einem entsetzlichen Gestank von Pech und Schwefel verbreitend, brüllte der Satan: ,Dat is Hahn swart; dat geiht mi dörch't Hart' und verschwand auf Nimmerwiedersehen. Der Schäfer hatte aber von Stund an einen bequemen, wesentlich kürzeren Weg für seine Herde. Da die Hähne den Gehörnten vertrieben hatten, hieß der Damm fortan Heiliger Damm."

Die zweite Darstellung basiert vermutlich auf Tatsachen, die aber durch die Überlieferung sicherlich stark idealisiert wurden.

Die Doberaner Mönche und der Heilige Damm

„Das Kloster zu Doberan war gerade vollendet. Das Münster prangte in seiner stolzen Schönheit, als eines Tages, es soll im Jahre 1427 gewesen sein, ein entsetzlicher Sturm aufkam und die mühsame Arbeit vieler Jahrzehnte zu vernichten drohte. Da die Mönche aber harte Arbeit gewohnt und auch Kerls genug waren, sich trotzend den Naturgewalten entgegenzustellen, begannen sie, gemeinsam mit den Bauern der Gegend, zum Schutz gegen die Sturmflut einen Damm aufzuschütten. Bei strömendem Regen in eiskaltem Wind schleppten sie Holz, Mist und zentnerschwere Steine zu einem Damm zusammen. Die groben Gewänder klebten am Körper, den sie vor Schmerzen kaum noch spürten, denn auch nach zwei Tagen war immer noch kein Nachlassen des Sturmes zu erkennen. Die Kräfte ließen nach, und der Mut sank auf einen Tiefpunkt, der ein Weiterarbeiten unmöglich machte. Eine letzte große Anstrengung sollte unternommen werden. In ihrer Verzweiflung versammelten sie sich in den Kirchen der Umgebung und flehten zum Herrn, daß er ihnen die Strafe der Vernichtung erlassen möge, da sie das Kloster und das Münster mit ihrer Hände Arbeit und ihm zum Wohlgefallen errichtet hätten. Der Sturm begann darauf noch heftiger zu toben, wechselte aber plötzlich die Richtung. In einem Bericht des Rostocker Arztes und Schriftstellers Giulielmus Laurembergius (oder Wilhelm Lauremberg) von 1627 liest sich das so: ‚Es geschahen große ungewohnte und wunderbare Dinge. Denn es ertönte plötzlich ein Gebrause, Krachen und großes Geräusch mit starken Donnerschlägen; das Geschrey und Geheule der wilden Thiere erscholl; Sturm und Küstenwinde sauseten und das Meer und die Wälder und Aecker schienen in Feuer zu stehen. Dies Ungewitter dauerte die ganze Nacht und setzte alle Einwohner in größten Schrecken. Zu derselben Zeit brachte das Meer aus sich auf eine unerhörte und unbegreifliche Art den Damm hervor, häufte die Steine in solcher Menge zusammen – und setzte sie in solcher dauerhaften festen Lage, daß menschlicher Fleiß und Bemühung dergleichen weder auszurichten noch nachzuahmen vermögend sind. Wie man am anderen Tage kam, das Werk mit vereinter Kraft anzufangen, fand man mit Erstaunen alles schon aufs vollkommenste hervorgebracht.‘

Die Mönche priesen diesen Wall als Tat Gottes und nannten ihn den Heiligen Damm."

Natürlich fanden sich Geologen, die belegten, daß dieser Damm unmöglich das Werk einer Nacht gewesen sein kann, sondern daß es sich vielmehr um eine strömungsabhängige langsame Ablagerung von eiszeitlichem Material handelt, das an der Steilküste westlich von Heiligendamm abgetragen wurde. Das ist ganz sicher richtig, für den interessierten Laien aber viel zu prosaisch. Fragt heute jemand nach der Entstehung des Dammes, erhält er deshalb immer noch eine der Legenden, meistens die zweite, zur Antwort. Die Schönheit der Natur an diesem Fleckchen war schon lange vor der Gründung des Bades bekannt. Die mecklenburgischen Fürsten besuchten häufig die Gegend und nutzten das Doberaner Münster als Familiengrab. Sie sorgten sich auch um die Erhaltung der bedeutenden Kirche seit der Auflassung des Klosters 1552. Dabei wurde mitunter auch das Meer bei Heiligen Damm besucht. Rostocker Familien pilgerten an freien Tagen an diesen Ort, und die Gelehrten der Universität führten gern ihren weitgereisten Kollegen die Laune der Natur vor. So ließ es sich auch Prof. Aepinus im Jahre 1766 nicht nehmen, seinem Gast Thomas Nugent aus England „eine der größten Seltenheiten in Europa" vorzuführen. Der war auch zutiefst beeindruckt und gestand:

Ein Engländer über Heiligendamm
„Hier ist der Prospekt bewunderungswürdig schön. Der heilige Damm bezauberte uns gänzlich; er hat das Ansehn eines großen, durch Kunst errichteten Deiches, um die See abzuhalten, die sonst das ganze Land überschwemmen würde. Sit meae sedes utinam senectae! (Möge es der Sitz meines Greisenalters sein!)"

12

Das erste 1796 fertiggestellte Badehaus in Heiligendamm

Nugents Begeisterung kannte keine Grenzen und setzte sich auch
noch in einem Gedicht fort:

> *„May Dobbran to my lates hours*
> *Afford a kind and calm retreat;*
> *There may my labours end, my wandring cease*
> *There all my toils, my searches, rest in peace."*

*(Nugent, Thomas, Reisen durch Deutschland und vorzüglich durch Meck-
lenburg, Berlin und Stettin 1781/82)*

Das erste deutsche Seebad
im 19. Jahrhundert

Es existierten also der fürstliche Wille und eine sachkompetente Entscheidung zur Nützlichkeit von Seeheilbädern durch Prof. Vogel – eben die Worte. Was fehlte, war die lenkende und ausführende Hand des Baumeisters und Architekten, der der Institutionalisierung des Plans sichtbare Gestalt verlieh. Diese Aufgabe kam zunächst dem Bauconducteur von Seydewitz zu, der bis 1802 die ersten Bauten errichtete. Das schlichte Badehaus in Heiligendamm im Stile mecklenburgischer Gutshäuser der Zeit ist heute nicht mehr vorhanden, aber man kann noch das ehemalige Logierhaus und heutige Kurhotel am Doberaner Kamp und das Amtshaus in der Nähe des Münsters in fast völliger architektonischer Erhaltung in Augenschein nehmen. Die Fachwerkbauten sind noch stark dem Geschmack des Barock in seiner sparsamen norddeutschen Variante verhaftet.

Erst Karl Theodor Severin brachte seit 1796 die moderne und neue Architektur des Klassizismus nach Mecklenburg. Angestellt wurde er mit der Verantwortung für „Hof-, Stadt- und Schiffbauten" mit dem recht bescheidenen Salär von 100 Reichstalern jährlich. Der Kostenvoranschlag für die ersten Bauten am Heiligen Damm ein Jahr zuvor betrug allein schon 9.620 Reichstaler. Vermutlich war Severin ein Schüler von Carl Gotthard Langhans, dem Erbauer des Brandenburger Tores in Berlin. Mußte er bei seiner ersten Aufgabe, der Vollendung des Logierhauses, noch den Intentionen seines Vorgängers folgen, konnte er bei dem Salongebäude daneben bereits seine eigenen Ideen verwirklichen. Auch im Innern, besonders im

Tableau von Doberan und Heiligendamm, um 1850

1819-1821 angebauten Festsaal ist die strenge klassizistische Haltung und ihre feierliche Wirkung zu spüren. Der Herzog ließ die ersten Bauten überwiegend aus seiner Kasse bezahlen, um die Landesfinanzen nicht zu belasten. Diese Großzügigkeit bekommt einen bitteren Beigeschmack, wenn bedacht wird, daß die fürstlichen Kassen in jener Zeit auch durch den „Verkauf von Landeskindern" an den Prinzen von Oranien für kriegerische Zwecke aufgefüllt wurden. 30.000 Taler pro Jahr waren dadurch zusätzlich verfügbar. Weitere Gelder wurden über die Domanialämter (eine Art Kreisverwaltung) aufgebracht. Die folgende Aufgabe für Severin bestand in der Errichtung eines Schauspielhauses neben dem Logierhause, da der Geselligkeit große Aufmerksamkeit geschenkt wurde. Zur Innenausstattung des Theaters, das 1806 feierlich eingeweiht werden konnte, trug auch der als sehr reich geltende und als „Theatergraf" in die Geschichte eingegangene Graf Hahn zu Basedow erheblich bei. Ende des 19. Jahrhunderts wurde das Haus aber dem Neubau des Gymnasiums geopfert.

Unmittelbar an diese Unternehmung schloß sich eine der architektonischen Hauptleistungen Severins an. Durch die wachsende Bedeutung des Seebades, auch als Sommerresidenz des Herzogs, mußte dem Repräsentationsbedürfnis des Fürsten stärker und sichtbarer entsprochen werden. Das Ergebnis ist in Gestalt des Palaisgebäudes zu erleben. Das Schloß strahlt zur Straße hin eine große Ruhe aus, die durch die klare, fast flächige Gliederung der Front erreicht wird. Die zurückgestellten ionischen Säulen bilden einen edlen vertikalen Kontrast zur sonst horizontalen, mit dem massiven Hauptgesims abgeschlossenen Fassade. In der Mitte des Hauses, von der Gartenseite als elliptische Ausbuchtung erkennbar, be-

16

Das Palaisgebäude in Doberan

findet sich heute noch ein ovaler Saal mit einer interessanten
Amor- und Psychetapete aus der Erstausstattung. Dieser Bauteil
konnte allerdings erst 1822 nach dem Ende der Kriege gegen Napoleon ausgeführt werden. Bezogen wurde das Schloß aber bereits
in halbfertigem Zustand 1810. Friedrich Franz I. war damals so
begeistert von dem Bau, daß er Severin ein Geschenk von 40 Gold-
franc machte. Mit Napoleon, der zu dem Zeitpunkt schon zwei Jahre über alle deutschen Lande herrschte, war nämlich auch die französische Währung in Mecklenburg eingeführt worden. Sonst war
diese politische Konstellation natürlich dem Fortgang der Ausbau-
ten im Seebad nicht dienlich.

Die Schatulle der mecklenburgischen Fürsten war zwar nicht leer, aber auch nicht besser gefüllt als die anderer Landesherren jener Zeit. So wurde gleich an anderer Stelle wieder gespart, indem man für die Ausstattung des Gebäudes kurzerhand die Möbel aus dem Rostocker Palais nutzte. Sogar die Lüster mußten den Weg nach Doberan antreten.

Trotzdem leistete man sich (typisch mecklenburgisch – nämlich 50 Jahre später) eine Rokokolaune, indem zwei Pavillons im Stile der Chinoiserie auf dem Kamp in Doberan errichtet wurden, die den Händlern als Unterstand und gleichzeitig Musikern und Gästen als Konzerthallen dienten. Der eine davon erhielt durch die Badegäste den treffenden Namen „Trichter".

Der Park um die Kirche wurde um 1800 im englischen Stil angelegt und ermöglichte sogar kleine Bootsfahrten. Die Ruinen des Klosters paßten hervorragend in die durch Aufklärung und Romantik geförderten Empfindungswelt jener Zeit, die sich an der Antike und einer verklärten Mittelalterauffassung orientierte.

Die zweite große architektonische Leistung gelang Severin in Heiligendamm selbst mit dem Bau eines „Empfangs-, Gesellschafts-, Tanz- und Speisehauses", das 1816 eingeweiht werden konnte. Dieses Gebäude wurde zum Wahrzeichen des Seebades und ist seither auf unzähligen Stichen, Prospekten, Ansichtskarten und Nippes verewigt worden. In antikisierender Monumentalität erhebt sich über acht dorischen Säulen ein starkes Gesims, das von einem flachen Dreiecksgiebel bekrönt wird. Im Sims befindet sich die von dem Rostocker Professor für klassische Philologie Immanuel Gottlieb Huschke verfaßte Inschrift: HEIC TE LAETITIA INVITAT POST BALNEA SANUM (Hier erwartet dich Freude, entsteigst du

Karl Theodor Severin   *Georg Adolph Demmler*

gesundet dem Bade). Im Säulengang über den Fenstern zum Saal sind als weiße Reliefs in blauen Feldern Tritonen und Nereiden (Söhne und Töchter der griechischen Meeresgötter Poseidon und Nereus) dargestellt, und in der Mitte über dem Eingang steht Hygieia – die Göttin der Gesundheit und Tochter des ebenfalls griechischen Gottes der Heilkunst Asklepios. Auch der achteckige kleine Pavillon in westlicher Verlängerung des Gebäudes gehört zur ursprünglichen, von Severin entworfenen Gestaltung des Bauwerks. Der große, südlich angeschlossene Saal entstand erst 1855/56.

Weitere Bauten waren dann wieder der eigentlichen fürstlichen Sommerresidenz Doberan vorbehalten. Darunter befinden sich auch das Haus „Gottesfrieden" (der Wohnsitz des Baumeisters) und das Prinzengebäude, das er ursprünglich für seine eigenen Zwecke gedacht hatte. Sie geben dem Alexandrinenplatz den würdigen Rahmen und zeigen ebenfalls deutlich die konsequente klassizistische Auffassung. Den starken Einfluß des Auftraggebers verrät dagegen die „Villa Medini" (so benannt nach dem Besitzer, dem fürstlichen Koch) an der Nordseite des Kamps, mit ihren für Severin ungewöhnlichen und etwas verspielten Schmuckformen. Das letzte öffentliche Gebäude Doberans in diesem Stil war das Eisenmoorbad, von dem man sich allerdings das später hinzugefügte Obergeschoß wegdenken muß.

Am 20. Februar 1836 starb der mecklenburgische Land- und Hofbaumeister Karl Theodor Severin im Alter von 72 Jahren. Seine Personalakte im Schweriner Landeshauptarchiv schließt mit dem Satz: „Die letzten 50 Reichsthaler aus der Renumeration sind in die Concursmasse gekommen." Reichtümer materieller Art hat er also für sich nicht anhäufen oder hinterlassen können. Sein Nachlaß auf dem Gebiet der Architektur ist aber unbestritten und von europäischem Rang.

Das Umfeld für ein Badeleben war mit diesen Neubauten geschaffen.

Die viererlei Arten von Bädern

1. kalte in offener See; 2. kalte in kleinen Schaluppen. In einer kleinen, sehr niedlich eingerichteten Kajüte ist ein Kasten angebracht, in dem man sich badet, der tiefer in die See oder höher hinaufgezogen werden kann. Man fährt nur soweit man will, in die See hinein, und da die Kästen Löcher haben, so strömt immer frisches Wasser durch das Bad. Da die Schiffchen aber, zumal bei starkem Wind, sehr schwanken, so kann nicht jeder diese Bäder vertragen; 3. kalte in einem Gebäude; 4. warme in einem eigens dazu eingerichteten Hause. Bei allen ist für die vollständigste Bequemlichkeit sehr gut gesorgt. Die Temperatur des Seewassers soll sich sehr gleich bleiben und meistenteils 66° Fahrenheit sein. Der Salzgehalt soll mit dem in der Nordsee übereinkommen.

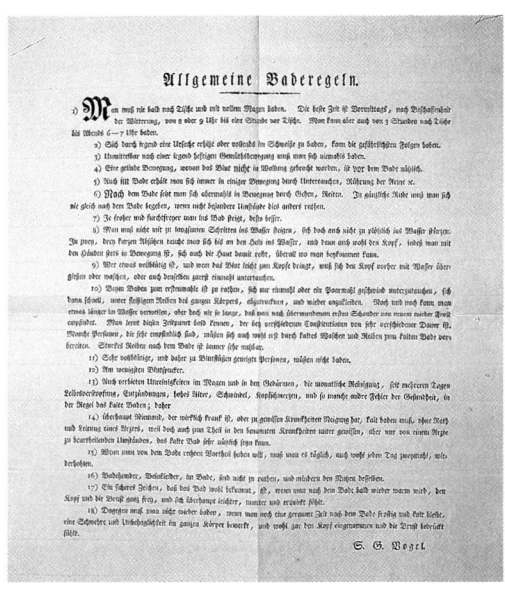

Prof. Vogels allgemeine Baderegeln

Dr. Vogel sagte mir, die kalten Seebäder schienen noch weniger Vorsicht zu erfordern als andere kalte Bäder; der Reiz des Salzes errege den Körper zu einer tätigen Reaktion gegen die Kälte. Diese Bäder sollen gegen Entnervung, Atonie der Eingeweide, Rheumatismen, Gicht, Ausschläge usf. mit sehr gutem Fortgang gebraucht werden.

Bei dem Seebade selbst sind auch einige Wohnzimmer angelegt, die eine herrliche Aussicht aufs Meer haben, aber schlechterdings nur solchen Kranken eingeräumt werden sollen, die das Hin- und Herfahren von Dobe ran aus nicht ertragen.

(Wilhelm von Humboldts Tagebücher, hrsg. von Albert Leitzmann, Bd. 1, Berlin 1916, S. 304 f.)

21

Nach Vogels Vorstellungen galt es aber nicht nur, sich der Gesundheit, sondern auch in gehörigem Maße dem Vergnügen zu widmen. Dazu bot sich besonders während der 52jährigen, ungewöhnlich langen Regentschaft des Herzogs und (seit 1815) Großherzogs Friedrich Franz I. von Mecklenburg-Schwerin reichlich Gelegenheit. Neben dem schon genannten Theater und den Konzerten waren es Bälle, sonntägliches Feuerwerk oder Vauxhalls, Ballonflüge oder Pferderennen. Sogar Manöver wurden zur Belustigung der Badegäste auf dem Kamp abgehalten. Ein heute zweifelhaftes Vergnügen war die Jagd auf junge Schwäne, die mit Booten auf dem Conventer See aufgestöbert und dann abgeschossen wurden.
Weitere Möglichkeiten der Zerstreuung bot die landschaftlich reizvolle Umgebung.

Ausflüge um „Brahn"

„Das Interessanteste für den Fremden in Mecklenburg möchte wohl Dobberan sein, vier Stunden von Rostock, am Fuße waldiger Hügel, unser ältestes deutsches Seebad vom Jahre 1794. Das phlegmatische Volk nennt Dobberan kürzer Brahn. Der Boden um Dobberan ist undankbar, aber man ist in der Nähe des Meeres, der Häfen von Travemünde, Warnemünde und Wismar, man sieht stets Schiffe, macht Abstecher nach Rostock, Schwerin, Ludwigslust, und die schönste und belohnendste Partie ist nach Rügen. Überraschend ist die Aussicht von Dietrichshagen auf Wismar und halb Meckelnburg, Holsteins Küsten und die Insel Fermern, Laland und Rügen, recht durchdringende Augen mit einem achromatischen Dolland haben gar die Spitzen von Koppenhagen sehen wollen. ... Morgens spaziert man auf dem Camp, trinkt, und geht dann in den englischen Park. Die Gäste sind meist Mecklenburger..."
(Weber, Karl Julius, Briefe eines in Deutschland reisenden Deutschen. Stuttgart 1828)

Der Buchenberg in Doberan, Lithographie 19. Jh.

Diese Ausflugsziele waren schon recht weitreichend und vergaßen Wanderziele ganz in der Nähe wie das Glashäger Quelltal oder den Buchenberg. Bei einer Wanderung durch die Kühlung kann man sich sogar ins Mittelgebirge versetzt fühlen.

Wollte man aber Webers Blicken folgen, müßten die Augen schon sehr gut und das Wetter sehr klar sein. Den Weitblick der herzoglichen Entscheidung, dieses Seebad an diesem Orte zu errichten, zweifelte schon nach den ersten drei Jahren, auch aus ökonomischer Sicht, kaum jemand mehr an.

Der Neue Markt in Doberan, Lithographie 19. Jh.

Der verhinderte Ausfluß des Geldes

„Unstreitig ist diese Anstalt für ganz Mecklenburg von großer Wichtigkeit. Sie hemmt größtentheils den starken Ausfluß des Geldes in die Fremde, der durch die gewöhnlichen Reisen unserer vornehmsten und reichsten Einwohner nach anderen Brunnen- und Badeörtern veranlaßt ward, und bringt dagegen durch die Herbeyziehung vieler auswärtigen Reichen eine beträchtliche Menge fremden Geldes ins Land. Nach sehr mäßigen Berechnungen überstieg der Geldverkehr zu Dobberan in den beiden letzten Jahren die Summe von Hunderttausend Thalern schon weit. Der wirkliche Verdienst bey diesem Geldumlauf kommt doch mehrentheils Einheimischen zu Gute."

(Wundemann, Johann Christian Friedrich, Mecklenburg in Hinsicht auf Kultur, Kunst und Geschmack, Bd. 1. Rostock 1800, S. 218.)

Die finanzielle Unterhaltung und der Ausbau des Seebades, die aus den Einnahmen für die Bäder allein nicht zu bestreiten waren, erfolgten teilweise aus der fürstlichen Schatulle, aber in erster Linie aus der Verpachtung der Doberaner Spielbank, die sich im Logierhaus befand. Üblich waren die Kartenspiele Pharao und Rouge et Noir, aber auch ein Roulette war vorhanden. Der Fürst hatte sogar Glücks- oder Hasardspiele in allen anderen Lokalen des Ortes und seit 1809 im ganzen Lande untersagt. Die Ausnahme galt nur für Doberan. Die Anziehungskraft war dementsprechend.

Die Spielhölle zu Doberan

„Die Bankhalterstellen waren gesuchte Posten und wurden damals von den Herren v. R., v. d. T. und v. T. besetzt. V. R., ehemals Hauptmann, kleine Figur, glattes rundes Gesicht, fuchsrote Perücke, die bei Verlusten der Bank stets unruhig hin und her geschoben ward, sodaß man schon beim Eintritt in den Saal aus der mehr oder weniger derangierten Frisur des Bankiers den momentanen Stand der Spielgeschäfte erraten konnte, – ein wundersames Barometer! Je mehr der Vorderteil der Perücke sich nach dem Hinterhaupte verirrt hatte, um so gefährlicher stand es um die Bankkasse! –"

(Ellmenreich, Albert, Alt Schweriner Hoftheater 1830 – 1859. Sonderdruck der Mecklenburgischen Zeitung.)

Zu den eifrigsten Spielern gehörte auch der Landesherr selbst. Um diese Leidenschaft ranken sich verschiedene Legenden, von denen die folgende zu den schönsten gehört, da sie Volkstümlichkeit und landesherrliches Selbstverständnis treffend zeichnet.

De nige Stüer

„Beim Pharao galt der Rang des hohen Herrn nichts. Er verlor und gewann wie die anderen Spieler auch. Als er wieder einmal mit leerem Beutel

vom Tisch aufstehen mußte, sprach er zu seinem Nachbarn, der ebenfalls kräftig draufgezahlt hatte: „Dat Geld is heidi, wat mokt wi nu?" Als echter Mecklenburger sprach der Rostocker Töpfermeister ganz gelassen: „Tjä, Kö'liche Hoheit, ick gah nu na Hus un dreih wedder Pött, un Sei künn'n jo wedder ne nige Stüer utschrieb'n."

Der Landesherr wird auch sonst immer wieder als der leutselige Mittelpunkt der Badegesellschaft beschrieben. Er eröffnete mit seinem Erscheinen die Saison und zog die vielen honorigen Gäste, oder zeitgenössisch auch „Celebritäten" genannt, nach sich. Der deutsche und europäische Hochadel gab sich im Sommer ein Stelldichein. Die Zaungäste kamen aus dem niederen Adel, dem besseren Handwerk und der vornehmen Bürgerschaft der Städte des Landes wie auch der angrenzenden Gebiete bis Hamburg, Hannover und Berlin. Die Garnitur bildeten die Künstler. Sie alle hatten aber hier den hochgeschätzten Vorteil, nicht der strengen, höfischen Rangordnung unterworfen zu sein, denn der Fürst legte großen Wert darauf, derartige Reglements in dieser Zeit und an diesem Ort auszusetzen. So mischte er sich selbst zwanglos unter die Leute und duldete für sich z.B. keinen besonderen Platz an der Tafel. Die jährliche Zahl der Badegäste stieg von 308 im Jahre 1794 kontinuierlich bis auf 1304 im Jahre 1806 und begann dann durch die Kriegsereignisse in Europa stark zu schwanken. 1813 erreichte sie ihren Tiefpunkt.

Das spürbare Wachstum auf 1106 bereits drei Jahre später wurde u. a. auf die Anwesenheit des legendären Feldmarschalls Gebhard Leberecht von Blücher mit seiner Familie sowie in Begleitung der Grafen Nostiz und Hardenberg, die ebenfalls eine große Popularität genossen, zurückgeführt. Den Sprung auf 1819 Gäste im

Am Kamp in Doberan, Lithographie 19. Jh.

gleichzählenden Jahr verursachte nach Aussagen von Zeitgenossen die damals berühmte italienische Sängerin Angelica Catalani, die hier auch eine Probe ihres Könnens abgab. Zeitgleich weilte der ebenso berühmte realistische Schauspieler Ludwig Devrient in Doberan, der ebenfalls sein Talent unter Beweis stellte.

Es war überhaupt ein Jahr der Attraktionen. Madame und Professor Reichard gaben sich die Ehre und dem staunenden Publikum eine Vorstellung mit ihrem Heißluftballon. Am 8. August 1819 stieg Wilhelmine Reichard im Englischen Garten am Münster auf, um dann nach einiger Zeit in einem Erbsenfeld zu landen.

Das zertrampelte Erbsenfeld

„Da! Der Ballon hebt sich, steigt! Ah! hört man. Dann lautlose Stille der Nachschauenden. Jetzt schwebt er über das Palais fort. Da plötzlich kommt Leben in die Menge: Ihm nach! Der Großherzog eilt schon in seiner Droschke davon, es folgen alle anderen ... Der Gutspächter Seer hatte auch staunend dem Fluge des Ballons zugeschaut, als er zu seinem Schrecken sah, wie derselbe sich in seinem Erbsenfeld niederließ. Bevor er selbst noch an Ort und Stelle hat kommen können, war der Ballon schon umringt von Equipagen, Reitern und vielem hinzugelaufenen Volke, die seine schönen, fast reifen Erbsen zerstampften. ‚O, min Arften, min Arften!' rang er die Hände, als er hinzukam, ‚min Arften, min Arften!' Der Großherzog hörte sein Jammern und sagte auf ihn zuschreitend: ‚Na Seer, häv di man nich so, ick will Di ok de Micheelpacht (Halbjahrespacht - W.K.) erlaten, – büst'denn tofräden!' – ‚Ja, gnädigst Herr, ick dank väl Mal, denn bün'k tofräden?'" –
(Maltzan, Julius, Erinnerungen und Gedanken eines alten Doberaner Badegastes, Rostock 1893, S. 8 f.)

Das Schauspiel des Ballonflugs riß den Pastor Heinrich Georg Studemund aus Doberan auch zu einer poetischen Verfolgungsjagd auf dem Pegasusse hin:

„Die Luftfahrt"

1. Da steht sie hoch auf dem Gerüste
   Die kühne Wolkenschifferinn,
   Ihr Blick durchmisst die blaue Wüste
   Mit stillem Ernst, mit festem Sinn.
12. Getümmel regt sich auf den Gassen!
    Das Volk mit jubelndem Getön
    Lässt Doberan in allen Strassen
    Das wohlbewachte Luftschiff sehn."

(Studemund, Heinrich Georg, Gedichte. Rostock 1833, S. 28 f.)

Die Pferderennbahn in Doberan

Die anderen zehn Strophen können hier aus Platzgründen leider nicht wiedergegeben werden.

Bis zur Mitte des 19. Jahrhunderts pegelte sich die Zahl der Gäste auf etwa 1200 ein, und nur 1832 sank sie wegen einer Choleraepidemie, die auch in Doberan 24 Opfer forderte, unter 1000.

1823 schenkte Serenissimus dem frischgegründeten Rennverein auf halbem Wege zwischen Heiligendamm und Doberan den Platz für eine Pferderennbahn, die die erste ihrer Art auf dem Kontinent war. Seitdem fanden jährlich Rennen statt, die sich einer großen Beliebtheit erfreuten und zahlreiches internationales Publikum wie auch Teilnehmer anlockten.

Andere Ereignisse lagen in ihrem Ursprung weiter zurück und erinnerten z.B. an die Zeit der französischen Besetzung. So war ein weiterer, jährlich feststehender Termin, der 10. August. An diesem Tage im Jahre 1807 traf Friedrich Franz I. wieder in Doberan ein.

29

Feier zur Rückkehr Friedrich Franz I. nach Heiligendamm,
10. August 1807

Des Lieblings Blick
„In einem hellerleuchteten Fenster (des Salongebäudes in Doberan - W.K.)
stand eine Figur, welche die Najade des baltischen Meeres darstellte. Eine
daneben befindliche Umschrift lautete:

> *‚Entflohen vom baltischen Gestade,*
> *Vermissend ihres Lieblings Blick,*
> *Kehrt sie mit ihm zurück,*
> *Die friedliche Najade, und*
> *Wünschet unserem Bade Glück.'“*

(Sonntags-Blatt der Mecklenburger Nachrichten Nr. 33 vom 11. 8. 1907,
S. 1 f.)

Das Gedicht gehörte nicht zum gewöhnlichen Begrüßungszeremo-
niell. Das sommerliche Eintreffen Seiner Herzoglichen Durch-

laucht in diesem Jahr war keine Selbstverständlichkeit wie in den Jahren zuvor. Erst auf Intervention des russischen Zaren bei Napoleon durfte nämlich der Fürst mit seiner Familie aus seinem Altonaer Exil (damals in dänischer Hoheit) nach sieben Monaten wieder nach Schwerin zurückkehren. Die Verbannung hatte Napoleon als Strafe verhängt und das Land requiriert, da Friedrich Franz I. angeblich Blücher auf seiner Flucht vor den französischen Truppen 1806 den ungehinderten Durchgang durch das damals neutrale Mecklenburg ermöglicht hätte. Tatsache war, daß Blücher gar nicht viel fragte und auch nicht fragen konnte, da ihm die Verfolger dicht auf den Fersen saßen, und demzufolge auch dem Herzog keine Entscheidung abverlangt wurde.

Mecklenburg, zu schwach, sich wehren zu können, wurde besetzt, und auch in Heiligendamm wurden französische Dragoner im Badehause einquartiert. Diese sollten beobachten, ob sich auf dem Meer etwa englische Kriegsschiffe sehen ließen.

Das Stöhnen des Badeintendanten Wachenhusen im Dezember 1810

„Leider! dauert die harte Einquartierung am Heil. Damm noch immer fort – sie besteht dermahlen aus 1nem Douaner-Officier (Zolloffizier – W. K.) und 6 gemeinen Douaner – auch 1nem Unter-Officier und 6 Gemeine Herzogl. Mecklenburgischer Miliz ..., die täglich durch den Bademeister ernährt werden müssen.“
(MLHA, Badeintendantur 662)

Prof. Vogel fürchtete in diesen Zeiten um sein Werk – das noch so junge Seebad Heiligendamm – und unternahm seinerseits Schritte, um eine Vernichtung zu verhindern. Diese Eigenmächtigkeit wurde

Der Bauerntanz auf dem Doberaner Kamp

ihm vom Badeintendanten, der der oberste Verwalter des Bades war, schwer angekreidet, denn Vogel war schließlich „nur" für die medizinischen Angelegenheiten und die Kuren zuständig. Der Arzt mußte Abbitte tun.

Prof. Vogels Entschuldigung
„Es thut mir ungemein leid, daß Ew. Wohlgeb. meine gute Absicht so sehr verkannt, und, es kann nicht anders seyn, ganz mißverstanden haben. Der Aufsatz, welchen ich Sr. Excellenz dem Herrn Generalgouverneur zugesandt habe, enthält nichts als eine französisch geschriebene geschichtliche Darstellung der Doberaner Seebadeanstalt ..."
(MLHA Badeintendantur 661)

Als schließlich „das Volk aufstand und der Sturm losbrach", gehörten die mecklenburgischen Fürsten zu den ersten, die sich vom napoleonischen Rheinbund lossagten und die männliche Jugend des Landes zu den Waffen gegen die Besatzer riefen. Im August 1813 kam es in Retschow bei Doberan sogar zu einem Gefecht mit den französischen Truppen.

Doch zurück ins Jahr 1807. Als der Herzog wieder aus dem Exil in seinem Seebad eintraf, war es für ihn der Anlaß, ein großes Fest zu veranstalten. Dazu gehörten auch ein Bauerntanz auf dem Doberaner Kamp und ein nicht ganz ernst genommenes Pferderennen mit schweren mecklenburgischen Kaltblütern. Das Datum blieb jährlicher Anlaß für Feierlichkeiten, die zu einem wahren Volksfest auswuchsen.

Der Bauerntanz auf dem Doberaner Kamp

„Auf seiner östlichen Rasenfläche sehen wir die Bauern aus den ‚swarten Uertern', d.h. den Dörfern östlich von Doberan, sich im Tanze drehen, während auf dem westlichen Rasen die Bauern und Bäuerinnen aus den ‚bunten Uertern', d.h. den Dörfern westlich von Doberan, sich diesem Vergnügen hingeben. In diesen westlichen Dörfern trugen die Frauen buntgestreifte, in den östlichen Dörfern dagegen schwarze Röcke, aber reicheren Schmuck. Seitwärts der Boutiken auf dem Kamp gab es Bier aus den braunen Töpfen der Doberaner Töpfer, Branntwein und Stuten auf Großherzogliche Kosten und an Volksbelustigungen aller Art fehlte es nicht, wie Stutenbeißen, Ferkelgreifen, Trull-Trull, Karussel, Pulcinella-Theater usw." (Nizze, Adolf, Doberan-Heiligendamm Geschichte des ersten deutschen Seebades. Rostock 1936, S. 102.)

Viele dieser Belustigungen waren recht derb, andere sind nicht mehr nachvollziehbar. In der Bevölkerung erfreuten sie sich größter Beliebtheit, während die vornehmen Badegäste meist nur Zuschauer blieben. Bevor man sich aber als mehr oder weniger kränkelnder Badegast einer dieser vielfältigen Vergnügungen hingab, mußten die morgendlichen Obligationen in Heiligendamm absolviert sein:

Die Badepflicht

„Jeden Morgen versammelt sich hier die ganze Badegesellschaft. Der unaufhörliche Wechsel von Ankommenden und Zurückgehenden zu Wagen, zu Pferde und zu Fuße, die Vereinigung und das beständige Gewühl so vieler Menschen auf einem Platze, wovon der Eine ins Bad geht, der Andere daher kommt, der Dritte sein Frühstück verzehrt, indeß Andere ihre Promenade im Holze, an der See herum machen, oder ruhig sich unterhalten und dann auch die Versammlung so vieler, zum Theil schöner Equipagen und Pferde, – – das alles macht gewiß einen sehr erheiternden, belebenden Eindruck. Eine sehr oft auch vorhandene gute Musik trägt das ihrige bey."
(Vogel, Gottlieb Samuel, Ueber die Seebade-Curen in Doberan im Jahre 1798. Rostock 1799.)

Vogel und auch seine Nachfolger im Amte als Badearzt legten sehr großen Wert auf eine günstige psychische Situation, die nach ihrer Meinung wesentlich zur Heilung beitrug – eine therapeutische Haltung, die heute noch bestätigt wird. Aus der Sicht eines Badegastes stellte sich die Situation so dar:

Das Badeleben zwischen Pflicht und Vergnügen

„Schon in der fünften Frühstunde beginnt hier das Leben und Weben und bringt noch vor dem Bade die erste wohlthätige Wirkung der Gesundheit durch das Frühaufstehen. ...
Indessen sammeln sich auf den Straßen und am Posthause Landleute mit ihren Pferden, die Badelustigen zum heiligen Damm zu führen. Schon wird es vor den Häusern lebendiger, Gruppen sammeln sich zur Einnahme des Frühstücks im Freien gemüthlich mit der dampfenden Pfeife, die zum Damme Abfahrenden beäugelnd. Von allen Seiten rollen die Equipagen heran, sich auf der Chaussee zum heiligen Damme vereinigend. ...
Das Aussteigen der bald vor das große Gebäude, bald vor das Badehaus

Reglement vom 1. Juli 1818

Fahrenden hält hier die Eilenden auf. ... Geschäftig nach der Ankunft zerstreut sich Alles. Die meisten wandeln dem Badehause zu. Kranke suchen den Arzt, der, dort allen zugänglich, an seinem bestimmten Platze weilet, und Rath und Trost erteilt. Andere eilen in den Gängen zwischen den Bädern, die sich brausend füllen, zum Bademeister, dort ihre Marken entgegen zu nehmen, um aus Furcht oder Schwächlichkeit im Hause selbst warme Bäder zu nehmen, oder sich der kalten See anzuvertrauen.

Flaggende Wimpel der großen Schaluppe erregen die Lust, von den Wellen geschaukelt zu werden. ... Das sorgsame Auge der Mutter verfolgt noch lange ängstlichen Blicks das auf den hohen Wellen mit der Tochter tanzende Schiff. Indessen wandeln Andere auf den langen Stegen über die See hin zum Genusse der Seeluft auf und nieder. Auf anderen weit entfernten Stegen laufen, weiß wie Gespenster der Nacht, und sich mit kühnem Sprunge dem kalten Element anvertrauend, badelustige Herren. Geschäftig bereiten Matrosen den Übergang zu den Badekarren, aus denen bald ihre Besitzer hervorkommen, und dahinein wieder andere verschwinden.

Längs am Strande dahinwandeln Andere niedergesenkten Blicks auf den bunten runden Kieseln dahin, unwillkührlich mit schwerer Wahl davon sammelnd, und bald das Gesammelte für das entdeckte Bessere verwerfend. Noch lebendiger wird dieses bunte Treiben durch ein zahlreiches Musikchor. Nur am Strande links herrscht tiefe Stille. Bloß wartende Schöne prüfen wandelnd ihre Geduld an der verzögerten Vollendung der Toilette ihrer Vorgängerinnen im Bade. Mählich wird es dann wieder stiller und stiller am heiligen Damme. ... Neues Leben verbreitet sich wieder im vorhin auf kurze Zeit verödeten Doberan. Im Musiktempel erwartet das Ohr des Kunstverständigen ein Hochgenuß von der Großherzoglichen Harmonie. Derberen Genüssen öffnet sich der Trichter mit seiner Restauration und seinen Leckereien nahe dabei dem Gourmand zum dritten Frühstücke. Doch jetzt lockt die Stunde des Spiels, den Banquiers interessant, dem Spieler noch interessanter, am interessantesten dem nicht spielenden Beobachter.

Indessen wandern kauflustige, oder doch ... den Schein der Kauflust annehmende Damen zu den ausgelegten Waren, ihnen zur Seite geduldige Ehemänner.

Bei der dritten Wiederholung des Glockengeläutes strömt alles zur wohlbe-
setzten Tafel des Badewirths. ... Nach aufgehobener Tafel drängt sich Alles
wieder ins Freie, ein Theil der Herren und Damen, um im nahen Logirhau-
se im Roulett ihr Glück zu versuchen, ein anderer Theil, um den Caffee zu
nehmen, indessen Andere mit dampfenden Pfeifen den Possen des Poli-
chenells zusehen, die Schwächeren aber sich zu neuen Genüssen durch ei-
ne kurze Ruhe ... zu erholen.
Kaum ist die Stunde der Erholung verflossen, so sammeln sich bei der Mit-
tagstafel verabredete Parthien zu einer Ausflucht zu Wagen, zu Fuß, oder
zu Pferde in die nahen Umgebungen.
Um sechs Uhr kehrt Alles von allen Seiten zurück und zerstreuet sich dann
wieder zu neuen Genüssen, die das Schauspiel oder Konzert, ein gesell-
schaftlich verabredeter Thee, eine Whistparthie oder eine kleine musikali-
sche Unterhaltung im Nebensaale darbietet, in welchem zu diesem Zweck
ein Fortepiano bereit steht. Schon beim ersten Rufe der Glocke strömt in
die mit großen Lüstern erleuchteten Säle von allen Seiten die gemischte
Gesellschaft. Rechts vom Eingange hat das künstlerische Genie des Bade-
wirths einen vollbesetzten Tisch mit Gelees, Kuchen, Torten, Cremes und
allem, was zum Desert gehört, zierlich garnirt, auf die anlockendste Weise
bereitet. ... Lange weilen oft noch nach geendigtem Genusse die fröhlichen
Cirkel, bis die Erinnerung an die ärztliche Vorschrift zur frühen Ruhe die
sich noch nicht ermüdet fühlenden an ihre Badepflicht erinnert.
Wer diese Ruhe nicht liebt, sondern sich noch einmal zu exaltiren wünscht,
dem bietet an der wiedereröffneten Bank sich auch dazu noch eine Gele-
genheit dar, bis die Mitternachtsstunde schlägt."
(Sponagel, G.C., Des Vetters Feldzug in das Seebad Doberan. Hannover
1826.)

Aber auch in anderen deutschen Orten am Meer schlief man nicht.
Das Monopol von Heiligendamm währte nicht lange. Es entstanden
in schneller Folge weitere Seebäder, wie um 1800 Warnemünde
und Norderney, 1816 Cuxhaven, 1819 Heringsdorf und Wange-
roog, 1823 Helgoland und 1821 Saßnitz auf der Insel Rügen –

nicht ohne vorheriges gründliches Studium der Anlagen am Heiligen Damm. Eine Sommerreise in ein Seebad war Mitte des 19. Jahrhunderts immer noch den Wohlhabenderen vorbehalten, aber keine Sensation mehr. Die Konkurrenz entdeckte auch schnell den Schwachpunkt an Heiligendamm.

Das Ostseebad in der Kritik

„Man hat dieser Badeanstalt – weil doch in dieser sublunarischen Welt an Allem etwas zu tadeln seyn muß – hin und wieder den Vorwurf gemacht, daß sie von Dobberan zu sehr entfernt, und die Reise nach dem Damme beschwerlich und kostspielig sey. Letzteres ist zwar wahr, indem Personen, die nicht mit noch größerem Kostenaufwande eigne Equipage bey sich führen, dadurch zu einer täglichen Ausgabe von wenigstens 36 Schilling, nämlich 32 für die Fuhre und 4 Schilling zur Ergötzlichkeit für den Fuhrmann, veranlaßt werden."
(Wundemann, Johann Christian Friedrich, Mecklenburg in Hinsicht auf Kultur, Kunst und Geschmack, Bd. 1. Rostock 1800, S. 248.)

1836 starb der geistige Vater des ersten deutschen Seebades hoch dekoriert und geadelt, als Hofrat Prof. Dr. Samuel Gottlieb von Vogel. Ein Jahr später folgte ihm der Großherzog Friedrich Franz I., der seinen Leibmedicus „wahrhaft hoch schätzte und ehrte". Damit verlor das Land Mecklenburg-Schwerin die eifrigsten Förderer von Doberan-Heiligendamm und auch einen der wenigen weitblickenden und klugen Regenten in seiner Geschichte.
Der Nachfolger Paul Friedrich ließ in seiner nur sechsjährigen Amtszeit als Landesherr die Straßen nach Rostock und zum Damm ausbauen. Das Bettenhaus neben dem Saalgebäude in Heiligendamm erhielt eine Erweiterung um drei Stockwerke und so seine heutige Höhe.

Klingelschnüre an der Badewanne

„Im Erdgeschoß verblieben die warmen Seebäder, die in 18 Kabinetten verabreicht wurden, außer den vier für die Großherzogliche Familie reservierten. Die Kabinette waren komfortabel eingerichtet mit Kanapees, Klingelschnüren usw., die Badewannen bestanden ursprünglich aus weiß überfirnistem Eichenholz und wurden jetzt allmählich durch Cement-Badewannen ersetzt."

(Nizze, Adolf, Doberan-Heiligendamm. Geschichte des ersten deutschen Seebades. Rostock 1936, S. 139 f.)

In den schriftlichen Nachlässen von Prof. Vogel und seinen Nachfolgern Dr. Albert Becker, Dr. Johann Sachse und Dr. Adolf Kortüm finden sich reichlich Beispiele für die Vielfältigkeit der durch die Anwendung des Seewassers geheilten Leiden. Einiges davon erinnert ein wenig an die Wunderheilungen der Bibel und ist wohl aus heutiger Sicht auch ein wenig unter Werbeaspekten zu betrachten. Interessant ist aber die Variationsbreite. Nicht nur die kalten und warmen Bäder allein, sondern auch die Beimischung oder die Abreibung mit stark jodhaltigem Tang oder das Trinken von Seewasser gehörten zur Behandlung.

Molke, Eselsmilch und Mineralwasser

„Versuche zu Milch-Anstalten wurden im Orte Doberan durch eine Eselinnen-Heerde gemacht, auch eine Anstalt zum Ausschenken vieler Mineral-Wässer wurde etablirt, aber die 3/4 Meilen weite Entfernung des Ortes vom Strande legte immer Hindernisse in den Weg; die Eselinnen wurden wieder abgeschafft, weil die Weiden zu weit entfernt waren, um zu jeder Zeit Milch bekommen zu können, und die Trinkanstalt wurde nur wenig besucht."

(Sachse, Johann David Wilhelm, Ueber die neueingerichtete Milch- und Molkenanstalt in Verbindung mit Seebädern und dem inneren Gebrauch des Meerwassers am Strande zu Doberan. Schwerin 1848, S. 57.)

Mitte des 19. Jahrhunderts wurden in Heiligendamm auf Sachses Anregung hin eigens Molkenanstalten eingerichtet, um die Molke, der damals große Heilkraft zugesprochen wurde, dem Wasser beimengen zu können.

Gleichzeitig erfolgte der Auftakt zu einem weiteren Ausbau des Bades im Hinblick auf Übernachtungsmöglichkeiten, ohne daß Doberan als Ort der gesellschaftlichen Ereignisse seine Bedeutung verlor. Der Großherzog Paul Friedrich ließ in westlicher Richtung, am Beginn der Steilküste, in kurzer Folge drei Villen für seine privaten Belange errichten, die im Zeitgeschmack englisch mit „Cottages" bezeichnet wurden. Besonders idyllisch gelegen ist davon am westlichen Ende das Alexandrinen-Cottage – so benannt nach der Großherzogin, die es viele Jahre bewohnte, einer Tochter der legendären Königin Luise und des Preußenkönigs Friedrich Wilhelm III. und Schwester des späteren Kaisers Wilhelm I. Die Fürstin erreichte das hohe Alter von 89 Jahren und erfreute sich stets einer besonderen Beliebtheit und Wertschätzung. In ihren letzten Lebensjahren, als die Körperkräfte schon schwanden, ließ sie sich während ihres Sommeraufenthalts täglich mit einem kleinen Eselskarren nach Doberan und um den Kamp kutschieren.

Jubiläen wurden auch im vergangenen Jahrhundert schon gern und so oft es ging gefeiert und gewürdigt. Den 50. Jahrestag des ersten symbolischen Bades von 1793 sollte ein besonders denkwürdiges Ereignis krönen. Der frischgebackene 19jährige Großherzog Friedrich Franz II., Urenkel des Gründers, hatte es sich in den Kopf gesetzt, einen Denkstein errichten zu lassen. Georg Adolph Demmler, großherzoglich mecklenburg-schwerinscher Hofbaumeister und bedeutender Architekt seiner Zeit, erhielt den Auftrag zu diesem einmaligen, spektakulären Unternehmen. In einer von ihm verfaßten Schrift, die in den Grundstein zu dem Denkmal eingelegt wurde, sind die Arbeiten detailliert beschrieben:

Ein Stein von 220 Tonnen Gewicht

„Nachdem Se. Königl. Hoheit, der jetzt regierende Großherzog Friedrich Franz II., den Entschluß gefaßt hatte ..., ein Denkmal zu setzen und hierzu einen großen Felsblock bestimmte, ... ward der Intendant der Doberaner Badeanstalten und der unterzeichnete Hofbaurat Demmler nach Doberan abgesandt, um die verschiedenen, in jener Gegend liegenden bekannten Granitblöcke zu besichtigen. ... Noch ehe diese definitive Entschließung erfolgt war, hatte der Unterzeichnete schon behufige Vorkehrungen zur Anfertigung der zum Transport nötigen Maschinerie getroffen. ...
Der Unterzeichnete ... reiste am 28. Juni nach Doberan und weiter nach Elmenhorst ab, um sogleich mit der Freigrabung des Steines beginnen zu lassen, zu welchem Zwecke schon am 30. Juni 50 Arbeiter dabei angestellt waren, auch kam an diesem Tag die ganze Maschinerie mit der für den Transport eigens gebauten Hütte auf drei Wagen ... an.
Das zunächst Schwierigste beim ganzen Unternehmen bestand darin, den Stein, der ... eine Länge von 19 Fuß, eine Breite von 16 Fuß und eine Dicke von 11 Fuß (3 Fuß = ca. 1 m – W. K.) hatte, und hiernach ein Gewicht von 441 400 Pfund (ca. 220 Tonnen, andere Quellen nennen 250 Tonnen – W. K.), zu dessen Transport etwa 230 Pferde nötig waren, auf die Maschine zu bekommen und ihn aus der Erde herauszuschaffen. Dies geschah am einfachsten dadurch, daß der Stein unterminiert ward, zu welchem Zwecke derselbe seitwärts eine sichere Unterstützung erhalten mußte; dies war an der einen Seite durch die natürliche Form des Steins leicht erreichbar; in der entgegengesetzten Seite schien dies nicht möglich zu sein, wenigstens nicht ohne ganz besondere Kunstgriffe; letztere bestanden darin, daß in drei Reihen übereinander 8 Zoll tiefe, 1 3/4 Zoll (1 Zoll – ca. 2,5 cm – W. K.) im Durchmesser weite Löcher ... in den Stein gebohrt wurden, um hierin ebenso starke eiserne , etwa 8 bis 12 Zoll über den Stein hinausstehende Dollen zu befestigen, unter welchen ein Holz- und Steinbau von der

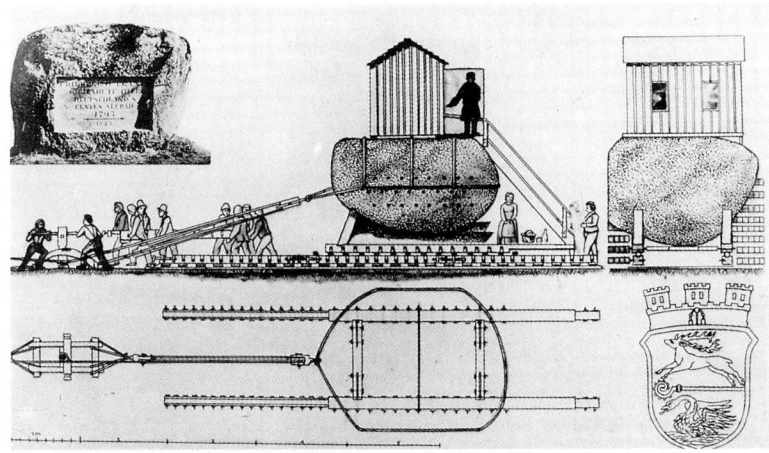

*Zeichnung vom Transport des Gedenksteines
anläßlich des 50. Jahrestages
von Heiligendamm, 1843*

Erde aus gemacht werden konnte, wodurch der Stein gleichsam aufgehangen wurde. Nachdem ... wurde der Stein nach seiner ganzen Länge auf 11 bis 12 Fuß Weite unterminiert, wodurch die ... Maschine mit den Rinnen bequem untergeschoben werden konnte, und als dieses geschehen und die Kugeln, auf jeder Seite 14 gehörig, ... geordnet waren, wurden die Unterstützungspunkte seitwärts entfernt, und der Stein ward nun von den Kugeln getragen, welches am 11. Juli der Fall. ... So wurden zwei Erdwinden, jede mit 12 Mann bestellt, zur Fortbewegung des Steines plaziert, bis dann nach mehrmaligem Zerspringen der Taue, der Bolzen und Haken in den Flaschenzügen der Stein am 13. Juli abends 1/2 8 Uhr die erste Bewegung von 24 Fuß machte.

Die weitere Reise des Steines ging bis zum 27. Juli ziemlich gut von statten,
bis dahin waren aber die Rinnen in der Maschinerie gesprungen und schon
Stücke herausgefallen, sodaß ... lauter neue, stärkere Rinnen ... gegossen
werden mußten. ... Das Terrain war im allgemeinen günstig. Die gefahr-
vollste Passage und der vorsichtigste Bau mußte bei der Garnitz-Beck ge-
troffen werden ... Vermittelst zweier Holzbrücken unter den Rinnenbalken
ward der Übergang am 1. September glücklich bewerkstelligt, ... so daß
am 19. Oktober der Stein 150 Fuß seitwärts von seiner jetzigen Lage an-
kam. Es mußte nun die Drehung bis zu seiner Stelle beginnen, ... welche
nicht weiter beschwerlich war. ...
Geschrieben am Heiligen Damm am 31. Oktober im Jahre 1843. G. A.
Demmler, Großherzogl. Meckl.-Schwerin. Hofbaurat."
(Sonntagsbeilage der Mecklenburgischen Zeitung vom 17.9.1911)

Demmler war von dem jungen Regenten aber auch noch eine andere Aufgabe in Heiligendamm zugedacht, der er sich in dem von ihm
eigentlich weniger favorisierten Tudorstil entledigte. Er entsprach
aber dem Geschmack der Zeit, die nach der Enthaltsamkeit im
Klassizismus wieder nach üppigeren Schmuckformen drängte.
Neostile waren besonders gefragt. Zwischen den großherzoglichen
Gebäuden und dem Kurhaus entstand ein neues Logierhaus, das
im Revolutionsjahr 1848 vollendet wurde.

Die Burg zu Heiligendamm

„Es wird von allen Fremden als ein hochgeschmackvolles Bauwerk aner-
kannt, welches seinem Meister zur großen Ehre gereicht. Der Grundidee
nach soll es, wenn ich des berühmten Baumeisters mündliche Erklärung
recht verstand, drei mit einander zu einem einheitlichen Ganzen ver-
schmolzene Häuser verschiedener Styls repräsentieren, welche ihre Ein-
gänge durch die 3 Haupt-Thüren der Hinterfront erhalten. Daß alles zu
einem schönen pittoresken Ganzen verschmolzen ist, sieht jeder leicht;

Entwurfszeichnung Demmlers zur Burg in Heiligendamm

aber vergebliche Mühe würde es für mich sein, wollte ich das verschmolze-
ne Einzelne zu schildern versuchen; alle die Balkons und Thürme, die rei-
chen verschieden gestalteten Fenster, die Attiken und Perrons, die Freitrep-
pen und Säulenhallen, welche das Gebäude zieren, machen es erklärlich,
warum das Publikum den prosaischen Geschäftsnamen dieses neuen Lo-
gierhauses, Littera C, in den passenderen d i e B u r g umgewandelt hat.
Das Ganze überragt am südwestlichen Ende des Hauses ein hoher runder
Thurm, welcher in seinen unteren Stockwerken als Treppenhaus für das
westliche Giebelhaus dient. Er hebt sich mit seiner Plattform hoch über al-
le Gebäude des h. Damms hinaus." (Kortüm, Adolf, Das Doberaner See-
bad. Der heilige Damm. Rostock 1858, S. 25.)

Am Gebäude selbst ist diese Gestalt heute leider nur noch im unteren Bereich mit der umlaufenden Terrasse (den Perrons) und einigen Ansätzen zu den Türmen erkennbar, da ein Brand 1945 das Dachgeschoß mit allen darüberliegenden Aufbauten vernichtet hat. Bei der Wiederherstellung des Hauses waren dann nicht die Mittel vorhanden, die alte Gestalt der Burg wiedererstehen zu lassen.

Bevor Demmler sein Werk beginnen konnte, mußte zuvor ein anderes Haus weichen. An dieser Stelle befand sich nämlich das sogenannte Armenhaus. Bereits 1810 konnte es aus Spenden der Freimaurer errichtet werden, die zu der Zeit in ihren Logen zwanglose Zusammenkünfte von Männern darstellten, die zumindest in dieser Runde alle Standesunterschiede vergaßen und sich häufig sozialen Aufgaben widmeten. Sechs Zimmer mit je zwei Betten nahmen in einer Saison etwa 40 Kranke auf, die auch freie Verpflegung erhielten. Allerdings schien es dem Herzog seinerzeit nicht gefallen zu haben, daß sich „Fremde" in die Angelegenheiten „seines" Bades einmischten, und er hatte vor, die Sache selbst zu übernehmen. Es gelang Prof. Vogel jedoch, ihn von diesem Vorhaben abzubringen.

Die Armenbadeanstalt

„Die Loge zum Tempel der Wahrheit in Rostock hat teils aus eigenen Mitteln, teils und noch mehr durch die Beiträge von Einheimischen und Fremden, die Summe zusammengebracht, welche ... nunmehro hinreichen wird, nicht allein die Kosten des von Ew. Herzogl. Durchlaucht gnädigst bewilligten Baues, sondern auch des Ameublement's zu bestreiten. ...
Es ist nicht wohl möglich, ohne die größte Verlegenheit und ohne uns selbst dem öffentlichen Spotte auszusetzen, alle jene Beiträge den Wohlthätern wieder zurückzugeben. ..." (MLHA, Ministerium für Unterricht, Kunst, geistliche und Medizinalangelegenheiten 10731)

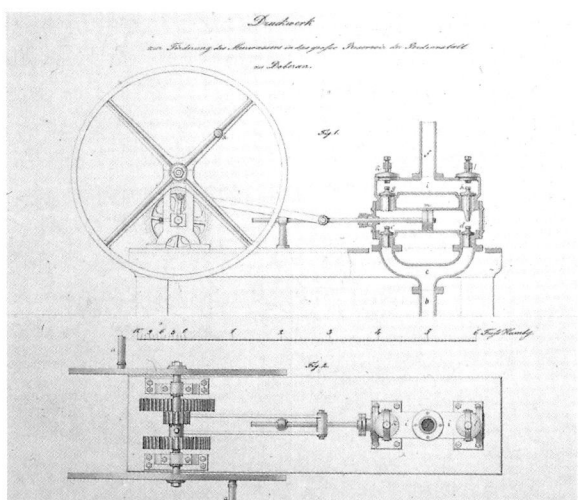

Zeichnung Ernst Albans für die Dampfmaschine
zur Beförderung des Wassers

Nach dem Bau der Burg wurde die Einrichtung etwas weiter südlich an den Rand des Ortes verlegt und ist heute noch als „Seehospiz" erkennbar.

Erneuert werden mußten in dieser Zeit auch die Pumpen für das
Badehaus. Ernst Alban, der bedeutende Mecklenburger und Pio-
nier des Maschinenbaus, lieferte die Entwürfe für die „Förderung
des Meerwassers in das große Reservoir der Badeanstalt zu Doberan". Das alte Ochsentriebwerk sollte durch eine Dampfmaschine
ersetzt werden, weil „die Ochsen außer der Arbeitszeit im Jahr
auch ernährt, verpflegt und bedient seyn wollen, während eine

46

Dampfmaschine nur zehrt, wenn sie arbeitet", wie Alban meinte. Das war ein wesentliches Argument, da die Bäder nur wenige Wochen des Jahres genutzt wurden.

In schneller Folge entstanden zwischen 1850 und 1860 östlich des Kurhauses Villen, die abschließend durch das Haus „Bischofsstab" begrenzt wurden. Die Herrenbadeanstalt mußte weiter nach Osten verlegt werden und erhielt gleichzeitig neue therapeutische Ausstattungen besonders für Behinderte, die erheblich stärker als in anderen deutschen Seebädern den medizinischen Charakter betonten. Um das Auge einer Dame nicht durch den eventuellen Anblick der nackten Haut eines Mannes zu beleidigen, wurde beim Bade auch auf die Wahrung aller Regeln des damaligen „Anstands" größter Wert gelegt. Getrennte und geschlossene Bäder waren selbstverständlich. Aber auch in den Zimmern mit Blick auf die Herrenbadeanstalt durften nur Vertreter des starken Geschlechts wohnen.

Um die zahlreichen neuen Häuser unterscheiden zu können, sollten sie alle Namen erhalten. Auf Vorschlag des Badeintendanten sollten „Bezeichnungen entlehnt (werden) von Gegenständen, die mit Doberan, dem Heiligen Damm, dem Meer, der Schiffahrt und dergl. in Verbindung stehen". Der Großherzog persönlich legte die Namen an einem Tag im November 1861 fest und träumte dabei vermutlich von den schönen Sommertagen am Strand. Neben dem Bischofsstab aus dem Doberaner Wappen erhielten die anderen Attribute – der Hirsch und der Schwan – ebenfalls „ihre" Villen. Auch der Greif fehlte nicht. Weitere Namen hatten dann den gewünschten Bezug zum Meer wie „Perle", „Möwe", „Seestern" oder „Anker".

Die herrschaftlichen Villen

„Die Häuser enthalten in ihren zwei Hauptetagen vier Familienwohnungen von 3–4 herrschaftlichen Zimmern nebst einigen kleineren Gemächern von verschiedener Bestimmung. Die Parterrewohnungen haben zugleich Ausgänge nach vorn über ihre Balkons, deren auch in der Beletage jede Wohnung einen für sich hat. Die dritte Etage enthält einige einzelne, besonders vermiethbare Zimmer, Gepäck- und Domestiken-Kammern. Für je zwei Logirhäuser sind waldwärts kleine isolirte Küchengebäude eingerichtet."
(Kortüm, Adolf, Das Doberaner Seebad. Der Heilige Damm. Rostock 1858, S. 27.)

Acht Häuser zählt man heute in dieser Reihe, wobei das letzte und westlichste in unmittelbarer Nähe des Steins – die „Perle" – 1874 als Doppelhaus angesetzt wurde. Alle waren im Geschmack der Zeit auch äußerlich üppig ausgestattet und zeigten im Giebelschmuck im Gegensatz zur sonstigen Gestaltung aufwendige Schnitzereien, die an den Schwarzwald erinnerten. Allerdings waren sie als reine Sommerhäuser ohne Öfen und mit relativ dünnen Wänden gebaut. Richtig gespart wurde bei den kleinen Küchenhäusern, die einfache Fachwerkkonstruktionen mit Backsteinausfachungen darstellten. Sie haben die Zeit nicht überdauert.

Das Saalgebäude war für die stark gewachsene Zahl der Gäste in Heiligendamm zu klein geworden. So entstand 1855/56 der große, südlich angeschlossene Bau, den der Badearzt Dr. Adolf Kortüm überschwenglich beschrieb.

Neue Pracht am Damm

„Man betrachte das Basler Parkett des Saales, seine teppichbedeckte Estrade für die höchsten Herrschaften, die Gesimse und Friese, die Pilaster und Medaillons an den hellkolorierten Wänden, ihr zierliches Getäfel, die

Der heilige Damm, Lithographie 19. Jh.

Die neuen Logierhäuser

Burg und Cottages

reichen Stukkaturarbeiten des hohen Plafonds, die Candelaber und Lüst-
res, die mit ihren kristallenen Prismen das Licht in tausend Reflexen bre-
chen und widerspiegeln, die Statuen und Büsten an seinen Pfeilern und
Wänden, die eleganten Diwans mit ihren schwellenden Polstern, – und
man wird begreifen, welchen Eindruck eine Festgesellschaft in diesen Räu-
men macht."
(Kortüm, Adolf, Das Doberaner Seebad. Der Heilige Damm. Rostock 1858,
S. 38)

Ebenfalls im östlichen Bereich, etwas abseits am Waldrand, hatte sich
Generalmajor von Hopfgarten sein „Waldhaus" im Stile Schweizer
Landhäuser gebaut, das aber schon bald von der Badeintendantur
aufgekauft und ebenfalls vermietet wurde. Die Gästelisten waren
weiterhin von Namen der Hocharistokratie reichlich geschmückt.
Auch die Unterhaltung hatte ihre hohen Ansprüche nicht verloren.
Die mecklenburgische Welt schien nach dem hierzulande miß-
glückten Versuch einer demokratischen Revolution wieder in Ordnung zu sein. Fritz Reuter formulierte die mecklenburgische Ver-
fassung auf seine Art. Der § 1 hieß: „Allens bliwwt bin Ollen." So
sollte es auch in Doberan und Heiligendamm sein. Durch die neuen
Logiermöglichkeiten direkt an der See war zwar eine Verlagerung
von Veranstaltungen an den Heiligen Damm zu verzeichnen. Jedoch das Theater, die Spielbank, das Salongebäude und der Kamp
mit seinen vielfältigen Einkaufsmöglichkeiten blieben in Doberan.
Hinzu kam, daß natürlich auch in Doberan selbst durch die Stahl-
quellen Möglichkeiten zu Heilbädern bestanden. Nicht zu vergessen waren die Molkenkuren.
Der beschauliche Ort mit seinen honorigen Sommergästen avan-
cierte auch im Laufe der Jahrzehnte zu einem beliebten Ruhesitz

für pensionierte hohe Beamte, Offiziere und ähnliche Würdenträger. Die Einwohnerzahl hatte sich seit Gründung des Bades auf über 4000 verdoppelt. Das zog eine besondere Art kleinstädtischer Entwicklung nach sich, deren Flair noch zu spüren ist.

Die beste Unterhaltung am Damm selbst sollte nach Dr. Kortüm immer noch die unerschöpfliche Natur und die ländliche Ruhe sein. Ihr schrieb er ebenfalls wie seine Vorgänger große Heilkräfte zu.

Der Ruf des Seebades in den gehobenen Kreisen war unangefochten. Das großherzogliche Interesse war ungebrochen und die Förderung aus dem fürstlichen Haushalt nicht in Frage gestellt. Auch die Badewelt schien in Ordnung zu sein.

In dieser Zeit wurde Mecklenburg von der europäischen Politik eingeholt. 1866 begann sich der Norddeutsche Bund unter Führung Preußens zu etablieren, dem sich schließlich auch die beiden Mecklenburg anschlossen. Ein Reichstag wurde gewählt. Gesetze wurden erlassen. Damit nahm das Unglück für Heiligendamm seinen Lauf, da nämlich diese Gesetze das Glücksspiel verboten. Die Folge war die Schließung der Spielbank in Doberan am 1. Oktober 1867 und damit der Wegfall von 30 000 Talern Pachtertrag, die bis dahin jährlich für das Seebad zur Verfügung standen.

Gleichzeitig bedeutete das auch einen Sieg der „Ritter- und Landschaft" oder der „Stände", wie sich die Vertretung der mecklenburgischen Gutsbesitzer auch nannte, denen die Spielbank schon seit Jahrzehnten ein Dorn im Auge war.

Der Sieg der Ritterschaft über die Spielbank des Großherzogs
„In Anlaß der allerunterthänigsten ständischen Bitte um Aufhebung der Doberaner Spielbank ward in dem allerhöchsten Rescripte vom 25. April

1845 die Gemeinschädlichkeit der Spielbank anerkannt und die Aufhe-
bung derselben gnädigst in Aussicht gestellt, sobald die bestehenden Ver-
träge dieselbe zulassen, auch von anderen deutschen Regierungen in glei-
cher Weise Beschlüsse gefaßt sein würden. Beide Voraussetzungen treffen
jetzt zu ... Immer ist (seitdem) die Aufhebung der Spielbank als eine Frage
der Zeit hingestellt (worden)."
(MLHA, Ministerium für Unterricht, Kunst, geistliche und Medizinalange-
legenheiten 10729e)

Obwohl der Großherzog noch versuchte, die Stände mit der Strei-
chung von Geldern für die Pferderennen und Viehschauen zu er-
schrecken, die ebenfalls aus den Einnahmen der Spielbank flossen,
war die Entscheidung besiegelt. Es begann ein langsames Siech-
tum, das 1872 durch eine Naturkatastrophe fast zum Sterben des
Seebades geführt hätte. Konnten Sturmschäden in den Jahren
1809 und 1814 noch aus der herzoglichen Schatulle reguliert werden, sah das jetzt anders aus. Eine schwere Sturmflut verwüstete
die südliche Ostseeküste. Heiligendamm erlitt große Zerstörungen.
Nach einer Berechnung der Kosten für die notwendigen Reparaturen sah sich der Großherzog gezwungen, einem Verkauf, der bereits seit einigen Monaten zur Verhandlung stand, nun endgültig
zuzustimmen.

Sturmflut am 12. und 13. November 1872

„Die Herren- und Damenbäder auch das sogenannte Waschhaus mit der
Wohnung des Bademeisters sind gänzlich zerstört. Die Wohnung und Stal-
lung des Schleusenwärters hat stark gelitten und sind dessen Vorräthe an
Korn und Futter auch theilweise das Mobiliar verdorben und 2 Kühe, 1
Starke, 2 Schweine, 9 S(ch)afe und sämmtliches Federvieh ertrunken. Die
Promenaden sind theilweise versandet, das hohe Ufer stark abge-

52

schwemmt und eine sehr große Anzahl Buchen niedergebrochen. Die Communikation nach Börgerende war unterbrochen."
(MLHA, Ministerium des Innern 21112, Bl 99)

Das gesamte Ambiente ging 1873 bis auf die drei fürstlichen Cottages an der Steilküste für 500 000 Taler an eine Aktiengesellschaft, der der Rittmeister a. D. Baron Otto von Kahlden auf Iden als Direktor vorstand. Zunächst einmal (sehr zum Wohle von Heiligendamm) wurde kräftig in das Unternehmen investiert. Schon ein Jahr später berichtete die Rostocker Zeitung begeistert über die Entwicklung.

Das Badeparadies der Gründerzeit

„Alle Gäste, die in dieser Saison den Heiligendamm besuchten, sprachen offen ihre Verwunderung aus über die neuaufgeführten stattlichen Bauten und die comfortable innere Einrichtung derselben. Es waren nicht nur die einzelnen Etagen auf das Luxoriöseste eingerichtet, sondern die neuentstandenen Hotels auch mit Telegraphie und Wasserleitung versehen. ...
Auch der neuangelegte Park mit seinem See (gemeint ist der Golfsee – W. K.), den hübschen Brücken, grünem Rasen und breiten herrlichen Wegen hat nicht wenig dazu beigetragen, den Badegästen diesen Platz zu einem Lieblingsaufenthalt zu machen. ... Wurde der Bau der neuen Verkaufshallen auch erst inmitten der Saison fertig, so konnten die Läden zur Hauptsaison von den Ladeninhabern doch noch bezogen werden. ...
Geöffnet ist Heiligendamm nun wohl, aber nur den R e i c h e n. Es ist unserer Ansicht nach verkehrt, von Einzelnen den reichen Verdienst nehmen zu wollen, wo ihn die Masse leicht bringen würde. Um das zu erreichen, müssen unserer Ansicht nach auch Hotels zweiten Ranges eingerichtet werden."
(Rostocker Zeitung Nr. 250 vom 25. 10. 1874, S. 3)

Mit den Hotelneubauten waren das Grand-Hotel direkt neben dem Denkstein und der T-förmig angesetzte Seeflügel am alten Logierhaus gemeint. Die Verkaufshallen sind die kleinen Läden unter den Säulenkolonnaden hinter den Villen. Auch die Villa „Sporn" unmittelbar neben dem Waldhaus entstand in dieser Zeit. Damit hatte Heiligendamm das seeseitige „Postkartengesicht" bekommen, das zu seinem Markenzeichen wurde und sich danach nur noch in Details an einzelnen Häusern änderte. Trotz einer über 50jährigen Gesamtbauzeit für dieses Ensemble ist es unter den deutschen Badeorten von einmaliger architektonischer Homogenität und auch trotz immer wieder erwogener großer Baupläne zum Glück nie verändert worden.

Die gleiche Zeitung stellte nur zwei Monate später mit Genugtuung fest, daß bereits an einem Restaurant „zweiten Ranges" gearbeitet würde.

Die „Restaurationshalle 2. Classe"

„Die Halle, die einen sehr schönen Platz in dem früheren Bernhard'schen Etablissement längs den Stallgebäuden erhalten hat, steht mit der Vorderfront dem Walde zu, und enthält einen großen Salon mit Buffet, von welchem man rechts in einen großen Speisesaal, links in eine große verdeckte Veranda gelangt, die vorne offen ist und eine ansehnliche Länge einnimmt."
(Rostocker Zeitung Nr. 282 vom 3.12.1874, S. 3)

Das Problem bestand aber darin, daß trotz dieser weitreichenden Investitionen sowohl die Gäste ersten wie auch zweiten Ranges ausblieben. Lediglich an den Renntagen und zu den traditionellen Festen in Doberan waren die Zimmer ausgebucht. Erst langsam stellte sich hier ein Wandel ein.

Burg und Familienhäuser in Heiligendamm, um 1870

Die neue Physiognomie der Badegesellschaft

„Während in den letzten Jahren nur derjenige Badegast berücksichtigt und beachtet wurde, welcher sich dem kleinen tonangebenwollenden Kreis anschloß, und welcher auf der Kegelbahn, beim Taubenschießen und im Spielzimmer seine Mittel zur Verfügung stellte, genießt heute Jeder die Schönheit des Bades ..., sucht sein Vergnügen nach seiner eigenen Wahl und findet es hinreichend. Ob und welche Geheimmittel die Actiengesellschaft in diesem Jahr angewendet, ob die bis zu 20 pCt. (% – W. K.) heruntergesetzten Preise dies Resultat erzielt haben, ist nicht bekannt. ... Die Wohnungen hier am Heiligen Damm sind bis unters Dach alle besetzt, und zwar von einer Gesellschaft, die durch ihre Physiognomie sich wesentlich von derjenigen der letzten Jahre unterscheidet. ... Die Wohnungen sind so gut, wie sie kaum ein anderes Seebad aufzuweisen haben wird, das Essen ist der Örtlichkeit und dem Preise entsprechend, die Vergnügungen und Unterhaltungen unverändert. ...
Auch der am Montag (dem 3. 8. 1876 – W. K.) veranstaltete Rennball stach günstig gegen diejenigen der letzten Jahre ab, sowohl durch starke Herrenbetheiligung, als auch durch einen schönen Damenflor in wirklich brillanten Toiletten. Ihre Kaiserl(iche) H(oheit), die Großfürstin Marie, eine reizend-liebliche Erscheinung, war das elektrische Licht dieses glänzenden Festes.“
(Rostocker Zeitung Nr. 181 vom 4. 8. 1876, S. 3)

So schön könnte man das heute gar nicht mehr sagen. Das „reizend-liebliche elektrische Licht“ hatte zwei Jahre zuvor als mecklenburgische Herzogin Marie Paulowna den Großfürsten Wladimir von Rußland geheiratet, aus welchem Anlaß seinerzeit vor Heiligendamm sogar die russische Flotte erschien, um die Jungvermählten nach Rußland zu segeln. Der in der Zeitung verbreitete Optimismus, daß nun „jeder“ in dieses Bad reisen konnte, war allerdings übertrieben.
Die Zeit war gekommen, in der Doberan eine solche Entwicklung

Erinnerungsfoto an
Heiligendamm, 1904

genommen hatte, daß ernstlich über den rechtlichen Status nach-
zudenken war. Bis dato hatte der Ort als Flecken gegolten. Das war
eine Zwitterstellung zwischen Dorf und Stadt. Es durfte z. B. Markt
gehalten, aber kein eigener Rat gewählt werden. Das wurde am 1.
Juli 1879 anders. Der Großherzog stattete die neue alte Kommune
auch reich mit Landbesitz aus und entließ sie in eine relative
Selbständigkeit. Heiligendamm wurde nicht diesem neuen städtischen Gemeinwesen angeschlossen und dadurch sozusagen das Pri-
vatdorf von Otto von Kahlden. Daß der Baron das Seebad in einer
Nacht (manche behaupten sogar in Monte Carlo) verspielt hätte, ist
allerdings in das Reich der Legende zu verweisen. Die Fakten sprechen eine andere Sprache. Die Geschäfte mit dem Seebad gingen
offensichtlich zunächst einmal nicht sonderlich gut, denn schon
1878 waren die Aktien auf ein Drittel ihres Nennwertes gesunken.
Die Mecklenburgische Hypotheken- und Wechselbank konnte in
diesem Jahr Aktien in Höhe von 48 000 Mark zum Wert von lediglich 15 000 Mark übernehmen. Schon nach wenigen Jahren muß
sich diese Situation aber zum Besseren gewendet haben. 1885 kaufte Baron von Kahlden Heiligendamm für 787 599,31 Mark auf und
wurde alleiniger Besitzer.
Zu dieser Zeit pries man das Bad aus zweierlei Gründen an. Zum
einen, weil man in größter Ruhe und Abgeschiedenheit in „isolier-
ten Villen" wohnen konnte und weil die „zuweilen höchst unhygie-
nischen Eigenthümlichkeiten, wie sie einem Fischerdorfe oder einem kleineren Hafenorte nothwendigerweise anhaften", fehlten,
wie es in einem Werbeprospekt aus dem Jahre 1887 hieß. Das war
die späte Rache an der Konkurrenz für die Verunglimpfung wegen
der Transportkosten.

Die medizinischen Erfolge wurden weiterhin durch die Badeärzte publiziert und auch weiterhin häufig übertrieben. Die natürlichen Faktoren Ruhe, Wald und See bei angenehmer Umgebung wurden aber zu Recht auch in dieser Zeit als entscheidende Voraussetzungen für die Kurerfolge angesehen.

Die nervösen Kranken

„Weitaus das größte Kontingent der Genesung Suchenden stellen die Nervenkrankheiten. Da durch die Thalassotherapie (Bäderheilkunde – W.K.) der Stoffwechsel des menschlichen Organismus eine wesentliche Alteration in der Art erfährt, dass durch die zunehmende Hautreizung eine größere Entlastung des Gehirns erfolgt, so ist von vornherein einleuchtend, dass man es durch die wechselnde Einwirkung der See- und Waldluft, eventuell durch sorgfältig überwachte Bäder so zu sagen in der Hand hat, wie stark man die gegebenen Reize einwirken lassen will. Bei sorgfältiger Individualisirung sind hier demgemäß bei diesen ,nervösen' Krankheiten ... die besten Erfolge erzielt. Daran reihen sich die funktionellen Erkrankungen des peripheren Nervensystems, die Neurosen, die Neuralgien und die peripheren Lähmungen... Auf dem Gebiet der Krankheiten der Respirationsorgane (Atmungsorgane – W.K.) sind es namentlich lange bestehende Katarrhe, ... welche günstig durch die Combination der See- und Waldluft beeinflußt werden."
(Das Ostseebad Heiligendamm bei Doberan in Mecklenburg. Güstrow 1887, S. 17 f.)

Trotz des modernen Ausbaus des Ostseebades blieb der Transport zwischen Doberan und Heiligendamm ein ständiges Problem und Ärgernis. Bereits 1865 versuchte sich eine Dampfkalesche – eine Art Omnibus. Leider blieb sie zum Gespött der Leute an der Rennbahn stecken und mußte mit sechs Pferden nach Doberan zurückgeschleppt werden. Eine Pferdeeisenbahn zwischen Rostock und

Heiligendamm wurde Anfang der 70er Jahre diskutiert. Sie kam aber ebenfalls nicht zur Ausführung. Auf der Strecke wurde noch einmal eine Dampfkalesche im Jahre 1881 für drei Wochen als Versuch eingesetzt. Die Doberaner Fuhrleute, die am Transport der Badegäste nicht schlecht verdienten, sahen natürlich die Konkurrenz. Es gelang ihnen, nach einem schweren Unfall in Heiligendamm den weiteren Betrieb zu verhindern.

Ein gefährliches Spiel

„Es kommt vielfach vor, daß Knaben die jetzt zwischen hier (Rostock – W. K.) und Doberan cursierende Dampfkalesche verfolgen, neben derselben herlaufen und sich gar an sie hängen. Daß dieses ein gefährliches Spiel ist, leuchtet ein. Alle Eltern würden wohl thun, ihren Kindern derartige Waghalsigkeiten zu verbieten.“
(Rostocker Zeitung Nr. 203 vom 1. 9. 1881, S. 2)

Die Lösung des Problems war aber damit nur verschoben. Sie erfolgte im Jahre 1886 mit dem Bau der Schmalspurbahn. Der Heiligendammer Bahnhof befand sich damals noch in unmittelbarer Nähe des Grand-Hotels. Auch der Großherzog begrüßte die neue Transportmöglichkeit und förderte sie nach Kräften.

Die Beschleunigung der Eisenbahn

„Allerhöchstes Decret vom 5. 4. 1886. Ich bin mit der Anlage einer schmalspurigen Eisenbahn zwischen Doberan und dem Heiligen Damm ganz einverstanden. Dieselbe ist thunlichst so zu beschleunigen, daß sie zum Beginn der Badesaison in Betrieb genommen werden kann ..., indem ich dabei voraussetze, daß eine Verletzung der Naturschönheiten ... vermieden werden wird.“
(MLHA Kabinett III 1421)

Der Molli bei der Fahrt durch Doberan, um 1900

Den Auftrag zur Einrichtung der 6.6 km langen Strecke für eine Dampftrambahn erhielt die Stettiner Eisenbahnbau- und Betriebsgesellschaft Lenz & Co. In einer Rekordbauzeit von nur sieben Wochen wurden die Gleise verlegt und am 8. Juli 1886 feierlich eingeweiht. Ungewöhnlich war die Spurbreite von 900 mm und ungewöhnlich auch die Rentabilität der Bahn, die von der Rostock-Wismarer Eisenbahngesellschaft betrieben wurde. Die ersten beiden Lokomotiven wurden von der Firma Krauss in München und die Wagen von Herbrandt & Co. in Köln-Kalk geliefert. Von den drei Personenwagen, die zunächst nur zur Verfügung standen, war einer mit einem Salonabteil versehen.

An eine Erweiterung der Strecke bis Arendsee war nicht gedacht, da der Ort von Kröpelin aus Anschluß erhalten sollte. Geländeschwierigkeiten ließen aber dieses Projekt zu aufwendig erscheinen. Deshalb erfolgte erst 1910 die Inbetriebnahme der 8,9 km langen Strecke von Heiligendamm bis Arendsee (Kühlungsborn-West). Auch erst in dieser Zeit entstand das Heiligendammer Bahnhofsgebäude im Postklassizismus.

Bis in die heutigen Tage sind immer wieder Pläne und Überlegungen im Umlauf, die Bahn von Warnemünde bis Rerik fahren zu lassen. Die Ausführung scheiterte bisher aber an der leidigen Finanzfrage. In der Zwischenzeit nahte fast unbemerkt schon wieder ein Jubelfest – der 100. Geburtstag des Bades. Vergessen wurde er natürlich nicht. In einer würdigen Feier im kirchlichen Rahmen gedachte man am 14. Juli 1893 der Gründer. Eine Kirche sollte aus diesem Anlaß errichtet werden.

Tummelplatz fürstlicher Jugend

„In dem Wunsche, daß zu Heiligendamm bald eine Kapelle entstehen möge, in welcher ‚das Evangelium rein gepredigt und die heiligen Sacramente laut des Evangelii gereicht werden', wollen Wir zur Erbauung einer solchen Capelle dem zu diesem Zwecke gebildeten Vereine eine Gabe von 10 000 Mark, in fünf Jahresraten zahlbar, hiedurch gnädigst bewilligen, und bestimmen als Bauplatz die am südlichen Rande des ‚Kleinen Wohld' belegene Fläche, welche ... Unsere Eltern einst in Unserer frühen Jugend als Spielplatz für Uns und Unsere Geschwister haben herrichten lassen. "
(Rostocker Zeitung Nr. 326 vom 15. 7. 1893, S. 2)

Nachdem Serenissimus diese Bestätigungsurkunde hatte verlesen lassen, nahm Staatsminister von Bülow als Vereinsvorsitzender das

Wort. Ein Dankgebet und eine Motette schlossen sich an. Hintergrund des feierlichen Aktes war allerdings auch, daß „nachdem die unermüdliche Thätigkeit der ‚nordischen Mission' den Römischen (der katholischen Kirche –W. K.) schon vor einer Reihe von Jahren" zum Bau einer katholischen Kapelle verholfen hatte, endlich ein protestantisches Pendent entgegengesetzt werden mußte. Bereits beim Verkauf des Ostseebades 1873 war nämlich Land für eine katholische Kapelle schon ausdrücklich aus dem Kaufvertrag mit Otto von Kahlden ausgeklammert worden.

Festessen und Ball sollten 1893 auch nicht fehlen. Die Gäste waren zahlreich erschienen. Gespeist wurde, aber zum großen Leidwesen waren die Teilnehmer anschließend offensichtlich schon so erschöpft, daß „der intendierte Ball wegen Mangel an Beteiligung ausfallen mußte".

Unter den geladenen Gästen befanden sich auch Vertreter zahlreicher Vereine, die ihre Grußadressen glücklicherweise schon während des Essens überbrachten. Die Deutsche Balneologische Gesellschaft und der Verein Deutscher Seebäder gaben sich dabei weitreichenden Gedanken an die Zukunft hin.

Das „Erste" Seebad für und für

„Möchte Heiligendamm auch im zweiten Jahrhundert seines gesegneten Bestehens und bis in fernste Zeiten seinem Charakter treu bleiben! Möchte es stets das ‚Erste' deutsche Seebad sein, das ‚Erste' in Bezug auf seine Vornehmheit, auf die Güte seiner Einrichtungen, auf die Summe seiner Heilfaktoren und auf die Menge seiner Heilerfolge. Dem Heiligendamm bei Doberan bringt der Allgemeine Deutsche Bäderverband die verbindlichsten und ehrerbietigsten Festgrüße entgegen mit dem aufrichtigen Wunsche, daß der von den deutschen Buchen zauberhaft umkränzte, von den

blauen Wogen der deutschen Ostsee umrahmte Küstenstrich des Heiligen-
dammes immer ein glückliches Fleckchen Erde sei, daß er blühe und gedei-
he für und für und daß er die Segnungen seiner Heilkräfte noch viele Tau-
sende leidender Menschen teilhaftig werden lasse."
(Rostocker Zeitung Nr. 329 vom 18.7.1893, Beilage S. 1)

Was nun die „deutsche" Ostsee angeht, ist man wohl heute in diesen Fragen etwas zurückhaltender oder mehr europäisch denkend,
aber wenn die Herren Balneologen die folgenden 100 Jahre gemeint haben sollten, haben sich ihre Wünsche doch über weite
Zeiträume erfüllt.

Trotz vielfach kolportierter, anderslautender Meinungen hat sich
das Seebad unter der Leitung des Barons Otto von Kahlden gut
entwickelt und bis zum Ende des 19. Jahrhunderts auch rentiert.
Offensichtlich war die ständige Nähe nobler und nobilitierter Persönlichkeiten für die junge, aufstrebende Schicht der gutbürgerli-
chen Gründergeneration attraktiv. Vielleicht erhoffte man sich
seinerzeit noch einen kleinen Abglanz des strahlenden Lichtes
großer adliger Namen und im besten Falle sogar eine Liaison auf
familiärer Ebene. Das unkonventionellere Badeleben bot doch eher
Kontaktmöglichkeiten als die immer noch strenge Standesregle-
mentierung des sonstigen täglichen Umgangs. Die ebenfalls immer
noch regelmäßige Anwesenheit der großherzoglichen Familie und
damit auch der Großherzogin Alexandrine (immerhin die Schwester des Kaisers!) taten sicher das Ihre. Majestät hatte es sich auch
nicht nehmen lassen und weilte 1875 selbst am Heiligen Damm
zum Manöver.

Die weitreichenden Pläne des Ausbaus, die ursprünglich etwa 50
Sommerhäuser und Pensionen vorsahen, wurden zwar nur in An-

sätzen verwirklicht, aber diese sind noch heute erkennbar. Der Ausbau an der Kühlungsborner Straße (damals noch Bollhäger Weg) erfolgte seit 1887. Zu dem Zweck wurde eigens ein „Statut betr. die Verhältnisse der Ansiedlung längs des Weges nach Bollhagen zum Seebad Heiligendamm" erarbeitet, in dem es u.a. im § 2 hieß: „Die Wohnhäuser dürfen nur im Villenstyl nicht höher als zweistöckig aufgeführt werden." Andere Paragraphen regelten so wichtige Dinge wie Abwasser, Abfallbeseitigung oder legten fest, daß die Toiletten und Dunghaufen nicht von der Straße aus sichtbar sein durften. So entstanden unter den Namen der Besitzer die Pensionen oder, wie man damals sagte, „Hotels garni" (ohne Restaurantbetrieb) „Mellendorf" (später Waldfrieden), „Peters" (später Altersheim) und „Scherpeltz" (der linke Teil wurde später das Schwesternheim „Tabea", der rechte Teil Internat der Fachschule und der Verbindungsteil abgerissen). Am Ortseingang, von Doberan aus gesehen, wurde „Krieg's Hotel" erbaut. Gleichzeitig entstanden die Villen in der unmittelbaren Nachbarschaft. So bekam Heiligendamm zwei „Vororte".

Heiligendamm
wird internationales Bad,
der Krieg und die Goldenen Zwanziger Jahre

Das reich gesegnete Stückchen Erde
„Es hieße, ‚Eulen nach Athen tragen‘, Heiligendamms weltbekannten Vor-
zügen zu Ehr und Preis noch etwas sagen zu wollen. Dieses an paradiesi-
schen Schönheiten so reich gesegnete und gottbegnadete Stückchen Erde
ist in Wirklichkeit eines Lobes nicht einmal bedürftig; steht es doch schon
von Natur aus erhaben über ein solches da. ... Heiligendamm besitzt ele-
gante Villen, Restaurants und Pensionen I. Ranges, ... pompöse Logierhäu-
ser, die alle selbst den verwöhntesten Ansprüchen gerecht werden. ... Prei-
se in Anbetracht der Vorzüglichkeit von Küche und Keller mäßig. ... Heiz-
bare Wohnungen und Zimmer sind in Heiligendamm ebenfalls vorhan-
den... Am Heiligendamm ist alles i n t e r n a t i o n a l. ... Heute ist Heili-
gendamm das, was einst den Römern Bajae war, was gegenwärtig den
Engländern Cowes, was Ostende, Scheweningen und Blankenberghe den
West-Continentalen sind. ... Ausgedehnte Strand- und Waldpromenaden.
... Großer, in die See hinausführender Promenadensteg. ... Westwärts am
steilen Meeresufer (geht es) zum ‚Gespensterwald‘, so genannt wegen der
phantastischen Formation seines Bestandes, an der Fulgener Waldecke der
Kindersandstrand, Lieblings-Sammelpunkt der kleinen Badewelt, und in
den ‚kleinen Wohld‘ hinein (gelangt man) an den ‚Spiegelsee‘. ... Der
Reichthum an Unterhaltungsmitteln und Zerstreuungen ist unerschöpf-
lich. ...prächtige Lawn-Tennis, Kies- und Rasenplätze, wie sie in gleicher
Weise in Deutschland nicht gefunden werden, Turn- und Kinderspielplät-
ze, Ruder- und Segelboote zu Wasserparthien, ein Lesecabinet, Billard-
und Spielzimmer, Schiessstätten, Kegelbahnen. Größere und rauschendere
Vergnügungen bringt die Rennsaison.“
(Ilustrierter Führer durch die Ostseebäder Mecklenburgs. Warnemünde
[1900], S. 26 ff.)

Ostseebad Heiligendamm

Blick vom Kurhaus auf Colonnaden u. Bahnhof

A. Beckmann, Hof - Photograph, Doberan.

HEIC TE LAETITIA INVITAT POST

Kurhaus Heiligendamm, 1907

Erstaunlich, daß nach derartigen Offerten überhaupt noch Bedarf nach anderen Seebädern oder gar stinkenden Fischerorten bestand. Doch auch hier bestimmte allmählich der Preis die Nachfrage, und die wollte nicht so recht steigen. Zunächst wurde nur das wesentlich schnellere Anwachsen der Besucherzahlen in anderen Badeorten registriert. Unter den deutschen Ostseebädern lag Warnemünde 1900 mit knapp 15 000 Badegästen weit voraus an der Spitze. Alle anderen Bäder lagen damals unter 10 000. Heiligendamm mit 1 740 führte dabei das letzte Drittel an.

Bis 1910 verbesserten sich die Zahlen für das fürstliche Bad auf 2 418 (das beste Ergebnis vor dem ersten Weltkrieg), aber das lag dann schon im letzten Viertel der inzwischen etwa 40 deutschen Ostseebadeorte. In Mecklenburg hatte Warnemünde die 20 000 überschritten. Brunshaupten (heute Kühlungsborn-Ost) meldete über 14 000 Gäste, gefolgt von Arendsee (heute Kühlungsborn-West) mit knapp 9 000, Müritz und Graal mit je etwa 5 000. Zehn Jahre zuvor hatten die letztgenannten Orte als Ostseebäder noch gar keine Bedeutung. In dieser Relation nahm sich die Entwicklung in Heiligendamm eher bescheiden aus. Es bedurfte schon größerer Anstrengungen, die Exklusivität immer wieder hervorzuheben, da die Gäste „2. Ranges" offensichtlich die anderen, billigeren Bäder bevorzugten.

1911 und 1912 war noch einmal kräftig investiert worden, um die Attraktivität Heiligendamms zu erhöhen. Neue Buhnen wurden gebaut, der gesamte Platz vor dem Kurhaus neu gestaltet, die Seebrücke um 130 Meter verlängert und damit auch für größere Schiffe als Landungssteg nutzbar. Auf dem Brückenkopf entstand sogar eine kleine „Restaurationshalle". Das Kurhaus wurde völlig reno-

Lindenallee, um 1900

Alexandrinen-Cottage

Plakat zum Tennisturnier 1908

Die Seebrücke zu Heiligendamm, 1907

viert, und alle Häuser wurden mit elektrischem Licht versehen. Den Ausklang der Saison 1912 bildete ein großes Spektakel, das von der Reichsmarine gefördert wurde – der „Erste Deutsche Wasserflugzeugwettbewerb", das Tausende Menschen an den Strand von Heiligendamm zog. Der Molli konnte die Besucher kaum fassen. Der Schauwert war groß, das Wettbewerbsresultat dagegen eher bescheiden. Jedenfalls wurden nur Trostpreise verliehen.

Ursache für diese Regsamkeit war ein erneuter Besitzerwechsel. Rudolf von Kahlden (der Sohn Otto von Kahldens) hatte das Bad bereits im Sommer 1910 an den Schriftsteller Walter John-Marlitt verkauft, der wohl überwiegend von der Popularität und dem Ruhm seiner Mutter lebte. (Eugenie John, mit Künstlernamen E. Marlitt, war die führende deutsche Schriftstellerin im Bereich der Trivialliteratur und erreichte Rekordauflagen.) Ihr Sohn hatte da eine weniger glückliche Hand und versuchte sich deshalb mehr in Spekulationen. Der Kauf von Heiligendamm jedenfalls diente eindeutig diesem Zweck, denn als erstes ließ er das gesamte Unternehmen mit erheblichen Hypotheken belasten, um es dann bereits nach einem halben Jahr in eine Zwangsversteigerung, d. h. in den Konkurs zu führen.

Die Gläubiger mußten das Bad für den Preis von 1 510 000 Mark erwerben, um wenigstens die Hypotheken zu retten und bildeten am 21. 2. 1911 die Ostseebad Heiligendamm GmbH. Von den vier Gesellschaftern waren drei Hamburger – die beiden Großhändler Julius Lachmann und Hermann Sanders, der Rentier Adolf Glüenstein – der vierte im Bunde war der Leipziger Großhändler Joachim Hermann Felix Wolf. Sie zeichneten Aktien im Werte von 800 000 Mark mit einer Stammeinlage von 38 1/2 %, von denen 350 000 Mark auf Lachmann entfielen und die restlichen zu Anteilen mit je 150 000 Mark an die anderen Gesellschafter gingen. Die Anteile des Leipzigers übernahm 1912 der Hamburger Hotelbesitzer Heinrich Böckenhauer, der sich auch in Heiligendamm ansiedelte und nicht nur die Direktion, sondern auch das Amt des Ortsvorstehers übernahm.

Das Hotel Peters (später Altersheim) mußte im Februar 1911 zwangsversteigert werden und ging an den Hotelbesitzer Friedrich Mellendorf, der es unter dem Namen „Fürstenhof" weiterführte. Die Lage schien sich zu stabilisieren. Die Lockrufe an die Gäste

Kurhausterrassen, um 1920

wurden dem militanten Trend der Zeit entsprechend deutsch-nationaler.

Bad der besseren Gesellschaft

„Heiligendamm kann ein Weltbad genannt werden, es hat alle Vorzüge eines solchen, ohne dessen Nachteile in sich zu haben. Die beste Gesellschaft zählt Heiligendamm zu seinen regelmäßigen Gästen. Die auf der 15 Minuten vom Bade entfernt liegenden Doberaner Rennbahn stattfindenden Pferderennen gehören zu den gesellschaftlichen Ereignissen ganz Norddeutschlands. ...

Die Anlage der Tennisplätze kann mustergültig genannt werden. Mehrtägige Tennisturniere finden alljährlich statt und vereinigen hier die besten Spieler der Tenniswelt in fröhlichem Wettstreit um den Pokal von Heiligendamm.

Fliegende Tontauben, laufende Hasen und wohlplazierte Scheiben geben den Scharfschützen Gelegenheit, ihre Kunstfertigkeit im edlen Weidwerke zu üben. Das Heiligendammer Schießturnier erfreut sich in der Schützenwelt eines sehr guten Rufes.

An der Burg und den großherzoglichen Villen vorbei führen wohlgepflegte Wege durch hundertjährigen Buchenwald zum Kinderstrand hinab. Auf hoher, 20 m über der See aufragender Waldböschung, hart am Meere, kämpften die Waldesriesen gegen die von Norden kommenden Stürme, und siegreich sind sie aus dem Kampfe hervorgegangen. Aber nicht spurlos gingen die jahrzehntelangen Kämpfe an den tapferen Kriegern vorüber, gebeugt und gekrümmt, ineinander verschlungen stehen sie da im prangenden Grün, ein Sinnbild des Wahlspruches: ‚Wo Kampf ist, ist Leben.' Das ist der Gespensterwald!" (Die deutschen Ostseebäder am Anfange des zwanzigsten Jahrhunderts. Kolberg 1911, S. 40 f.)

Bis 1897 hatte man auf lebende Tauben geschossen. Dann wurde dieser Tierquälerei gesetzlich Einhalt geboten und Tontauben dafür eingesetzt.

Zu der kämpferischen Poesie für die besseren Deutschen der besten Gesellschaft paßten dann auch Belustigungen wie die Besichtigung des Linienschiffes „Kaiser Wilhelm II".

Kriegerisches Muskelspiel

„Heute nachmittag kam das auf mehrtägiger Navigations- und Schießübungsfahrt begriffene Linienschiff ‚Kaiser Wilhelm II' vor Heiligendamm in Sicht. Dieses salutierte mit 21 Salutschüssen die Großherzogliche Flagge und ging danach etwa 3 Kilom. von Land zu Anker. Eine große Zahl von Offizieren und Mannschaften wurden an Land beurlaubt. Auf der fort-

(Rostocker Zeitung Nr. 192 vom 10. 7. 1911, S. 2)

Das vornehme Badeleben nahm aber vorerst noch seinen gewohnten Lauf. Die Entfernungen in die nächstgelegenen Städte waren durch die verschiedenen Verkehrsmittel geschrumpft. Die Ruhe in Verbindung mit gesunder Luft und Sport boten ideale Voraussetzungen für optimale Erholung, Genesung und Heilung spezifischer Krankheiten.

Diese optimalen Möglichkeiten galten auch immer noch für die 48 „Armen", die während der Saison jährlich kostenlos in Heiligendamm Aufnahme fanden. So löblich die Einrichtung war, bot sie mehrere Stellen des Anstoßes. Die Ausstattung war äußerst dürftig. Bei einer Besichtigung 1902 wurde festgestellt, daß allein die Matratzen in einem haarsträubenden Zustand waren. „Ihre Überzüge sind meistens ganz dünn, beschmutzt und vielfach geflickt. Im Innern zeigen sich große Lücken, sodaß ein bequemes Liegen darauf ausgeschlossen ist."

Die Entscheidung zur Aufnahme in dieses Armenkrankenhaus wurde durch die großherzogliche Badeintendantur getroffen. Die Behörde hatte sich eigentlich schon seit 1873 mit dem Verkauf des Bades überlebt, aber es gelang ihren Beamten in zäher Beharrlichkeit, sie doch noch zu erhalten. Die Hauptaufgabe des Amtes bestand nur noch in der Auswahl der Kranken. Bis in diese Zeit wurde das Haus noch unter dem Namen „Krankenhaus" geführt. Aber das empfand dann selbst der Badeintendant als Hochstapelei.

Heiligendamm, 20er Jahre

Das altfränkische Logierhaus

„Die bisherige Bezeichnung ‚Krankenhaus‘ haben auch wir bereits öfters lästig empfunden, da in der Anstalt fast alle Einrichtungen eines wirklichen Krankenhauses fehlen... Dieselbe ist in der That nichts, als ein, nach heutigen Begriffen, ziemlich altfränkisches Logirhaus, welches sich von ähnlichen Privathäusern nur durch seine behördliche Leitung und die Unentgeltlichkeit der Aufnahme unterscheidet. Für derartige Anstalten hat sich die Bezeichnung ‚Hospiz‘ eingebürgert.“
(MLHA Ministerium für Unterricht, Kunst, geistliche und Medizinalangelegenheiten 10731)

Folglich führte dann das Haus durch Ministerialerlaß seit 1901 die Bezeichnung „Seehospiz“, die heute noch im Giebel zu lesen ist. Doch der eigentliche Streitpunkt um das Hospiz lag ganz woanders. In den Verkaufsbedingungen von 1873 waren verschiedene Klauseln enthalten, die als ständige Auflagen in das Grundbuch eingetragen und somit nicht einfach zu löschen waren.

Die leidigen Klauseln

„§ 2. Das zum Verkauf gestellte Grundstück wird zum freien Eigenthume überlassen, wiewohl mit den Beschränkungen und Verpflichtungen, daß ... 5. alljährlich während der Badesaison vom 21. Juni bis zum 20. September unbemittelten Kranken, welche von der Großherzoglichen Bade-Intendantur namhaft gemacht werden und zwar in der Zahl 16 für jeden der genannten drei Monate, in dem jetzigen Armenkrankenhause freie Beköstigung sowie freie Verpflegung und Cur zu gewähren ist.“
(MLHA Badeintendantur Doberan 25)

Um diese durch die Versorgung der Kranken entstehenden Kosten entbrannte ein Jahrzehnte währender Rechtsstreit. Schon Rudolf von Kahlden hatte versucht, sich aus dieser Verpflichtung zu stehlen. Die GmbH setzte die Bemühungen fort. Aber das für diese Fragen zuständige Finanzministerium blieb hart. Auch die Amtsverwaltung in Doberan fürchtete, die Kosten eventuell selbst übernehmen zu müssen. Sie berichtete z. B. 1914 entsprechend tendenziös.

Die Unverfrorenheit der Reichen

„Was nun den Antrag selbst betrifft, so halten wir ihn für naiv, um nicht zu sagen unverfroren.
Die Gesellschaft hat den Heiligendamm lediglich aus Spekulation erworben. Die Mitglieder der Gesellschaft sind, wenn wir recht orientiert sind, alle recht wohlhabende, oder gar reiche Leute.
Die Gesellschaft hat auf die von uns geforderte Berichterstattung erwidert: ‚Der Verdienst der Gesellschaft ist gleich null. Infolge der hohen Unkosten und grundbrieflichen Lasten können nur knapp die Hypothekenzinsen gedeckt werden, sodass sich jeweils ein Verlust ergeben muß.' Es ist gern möglich, daß diese Auskunft zutreffend ist, denn wir halten den gezahlten Kaufpreis in der Tat für recht hoch. Es würde (aber) ein äußerst schwerer Schlag für die armen erholungsbedürftigen Leute sein, wenn das Seehospiz aufgehoben würde; denn dass Seine Königliche Hoheit der Großherzog die Kosten für die Verpflegung u.s.w. aus eigener Tasche bezahlen soll, wird Herr Böckenhauer selbst nicht wollen.“
(MLHA Ministerium für Unterricht, Kunst, geistliche und Medizinalangelegenheiten 10731)

Das war nun schon streckenweise bösartige Unterstellung, was Herr von Bülow in seinem Bericht betrieb, aber die Probleme der Gesellschaft und deren Engagement mußte er, wenn auch widerwillig, anerkennen. Einer viel härteren Prüfung wurde das Unternehmen durch eine Sturmflut in der Silvesternacht, am 31. Dezember 1913, unterzogen. Der Schaden wurde auf etwa 30 000 Mark geschätzt und betraf auch etliche der erst kürzlich fertiggestellten

Verbesserungen besonders an der Seebrücke. Der Deich wurde wieder einmal überspült und die ebenfalls neu ausgebaute Herren-Badeanstalt ein Opfer der Fluten.

Sturmflut am Heiligendamm

„... So haben wir das Meer noch nie gesehen! Die ganze Fläche ist ein großes schäumendes Becken. Grau, fahl, mit sturmgepeitschten weißen Wogenkämmen. Es wogt und wütet, wallet, brüllt, als tobe dort unten in der gähnenden flutenden Tiefe ein Kampf der Titanen. ...
Um die Ecke kann man nicht mehr, also herum um das Kurhaus und zum Damenbad, das unterhalb des hohen Ufers liegt. Lag, muß man wohl sagen, denn schon von Ferne starren einem zerbrochene Dachsparren und eingefallene Mauern entgegen. ...
Die Böschung ist zerrissen und abgestürzt. Spalten ziehen sich durch den Weg, und ein großer Baum hat sich den wilden Wellen entgegengeworfen. ...
Einige Häuser stehen in einem See, die Keller sind voller Wasser. Hoch spritzt das Wasser über das Dach des Herrenbades, trotzdem es weit höher liegt als die Damenbadeanstalt. Drinnen ist es lebensbedrohlich, kein Menschenfuß betritt mehr die Stätte, wo die Elemente wüten.“
(Die Heimat Nr. 11 vom 25. 1. 1914, S. 83f.)

1914 wies das „Alphabetische Verzeichnis der Namen sämtlicher Einwohner von Heiligendamm" die beiden Hotelbesitzer Mellendorf und Scherpeltz, den Kurhausdirektor Böckmann, die Rentiers Schmidt und Puff, die Gräfin Roß, den Zollaufseher Heinrich Lindenberg, den Unterförster Emil Treu, Louis Willers, den Restaurateur, und den Bahnwärter Rudolph Wittenburg aus. Diese wenigen Menschen (möglicherweise mit ihren Familien) „bevölkerten" in der Zeit zwischen September und Juni allein den Ort. Es muß streckenweise eine gespenstische Szenerie gewesen sein.

Die Saison 1914 wurde durch die große Weltpolitik jäh unterbrochen. Die Rennen waren im Juli mit großem Erfolg abgeschlossen worden und gaben auch gute Hoffnungen auf den weiteren erfolgreichen Badebetrieb, als am 1. August der Weltkrieg ausbrach. Die Gäste verließen fluchtartig die Badeorte. Heiligendamm erhielt Kriegsbesatzung, und im September wurde auch eine angeschwemmte Matrosenleiche unter militärischen Ehren bestattet. Ob es sich dabei aber um ein Kriegsopfer oder einen Unfalltoten handelte, ist nicht gesichert. Die sommerlichen Rennen wurden eingestellt. Die Sportanlagen verfielen, aber trotzdem ging der Badebetrieb in bescheidenem Rahmen weiter. Der Mecklenburgische Verkehrsverband warb noch 1916, allerdings militärisch knapp, für das Ostseebad.

Kurzwerbung

„Heiligendamm, Kurhaus, Grandhotel und Villen. Direkt an offener See und Buchenwald. Unter erstklassiger Leitung. Beste Gesellschaft. Kalte und warme Seebäder. Kanalisation, Süßwasserleitung. Elektrische Beleuchtung. Erweiterte Landungsbrücke. Schöne Lage an Wald und See. Gute mecklenburgische Küche bei mäßigen Preisen."
(Stadtarchiv Rostock Rat 25 s)

Vielleicht war das der richtige Ton, um preußische Offiziere anzulocken, aber deren Befehl lautete zu der Zeit, sich für Kaiser und Reich opfern zu müssen.
Der Großherzog Friedrich Franz IV. besuchte mit seiner Familie weiterhin zur Saison Heiligendamm. Am 4. August 1918 wurde planmäßig das Hoflager samt der zeitweiligen sommerlichen Gendarmeriestation aufgelöst, ohne zu ahnen, daß wenige Monate spä-

Großherzog Friedrich Franz IV. mit seiner Gemahlin
in Heiligendamm, 1910

ter eine neue Bewachung bei den großherzoglichen Cottages antreten würde, die nicht unter fürstlichem Befehl stand. Am 14. November 1918 dankte der Großherzog ab. Der Arbeiter- und Solda-
tenrat hatte es für notwendig gehalten, die Häuser am Damm zu
besetzen. Das Ergebnis war ein wochenlanger Streit zwischen verschiedenen Ämtern, wer denn nun die Verpflegungskosten für die
revolutionäre Wachmannschaft zu tragen hätte. Die herzogliche
Familie durfte schließlich ihre Villen und damit ihren Sommersitz
behalten. Ein Hauch der deutschen Geschichte hatte Heiligendamm gestreift.

Die kleine Kommune konnte dem sichtbaren Verfall Heiligendamms aus eigener Kraft nicht entgegenwirken. 31 Bürger des Bades stellten deshalb 1920 den Antrag zur Wiedervereinigung mit Doberan. Da man dort aber genug eigene Schwierigkeiten hatte, wurde kurzerhand abgelehnt.

In diesen Zeiten der Riesenprobleme etablierte sich ein Verein mit großen Zielen in der Satzung.

Der sportliche Spielverein?

„§ 1 Unter dem Namen ‚Sportverein Heiligendamm' ist ein Verein gegründet worden, dessen Sitz zu Heiligendamm Kurhaus ist. Zweck des Vereins ist:

a.) den Sport, namentlich Tennis-, Reit-, Schieß-, Segelsport unter den Gästen, welche Heiligendamm besuchen, zu fördern und zu pflegen.

b.) Den Besuchern in Heiligendamm, namentlich den Mitgliedern des ehemaligen nationalen Clubs in Heiligendamm in dessen früheren Räumen ein behagliches Heim zu bieten.

c.) Unterstützung der Kriegsinvaliden."

(MLHA Amtsgericht Doberan 898)

Vorsitzender des Sportvereins sollte Oberst Albert von Voss auf Wozinkel bei Parchim sein.

Als der Verein im Doberaner Amtsgericht eingetragen werden sollte, kamen dem zuständigen Beamten so Zweifel an dem Unternehmen, und er teilte dem Staatskommissar für das Vereinswesen in Schwerin seine Sorgen mit.

Der aufmerksame Staatsdiener
„Dem Unterzeichneten ist inzwischen (außerdienstlich) zu Ohren gekom-
men, daß diese Vereinsgründung in erster Linie die Zwecke öffentlichen
Spiels verfolgt. Daß in den vom Vereinsvorstand gemieteten Räumen ge-
spielt wird, haben mir Herren des Amtes in Doberan als unzweifelhafte
Tatsache versichert.“
(MLHA Amtsgericht Doberan 898)

Allerdings mußte der Beamte den Beweis schuldig bleiben, und so
wurde der Verein genehmigt. Das könnte man nun vielleicht als
Übervorsichtigkeit des Doberaner Amtsgerichts auslegen, aber ein
Jahr später erschien eine kleine Meldung in den „Mecklenburger
Nachrichten“.

Spielhölle ausgehoben
„In dem Seebad Heiligendamm wurde in der Nacht vom 24. zum 25. d(es)
M(onats) eine unerlaubte Spielbank durch Beamte der Mecklenburg-
Schwerinschen Sicherheitspolizei aufgehoben. Das Spielgeld wurde be-
schlagnahmt. Die Angelegenheit ist der Staatsanwaltschaft zur weiteren
Verfolgung übergeben worden.“
(Mecklenburger Nachrichten Nr. 173 vom 27. 7. 1920, S. 3)

Vielleicht sollte damit in Erinnerung an den seligen Friedrich
Franz I. das Ostseebad gerettet werden. Jedenfalls mißlang das Unternehmen.
In diesen schweren Zeiten ließen es sich die Doberaner aber nicht
nehmen, 1921 ihr 750. Ortsjubiläum zu feiern. Auch Heiligendamm hatte in dieser Erinnerung einen würdigen Platz. Nach Karl
Theodor Severin wurde eine Straße benannt, und im Palais erhielt
noch einmal ein Zimmer mit großherzoglichen Leihgaben das Ori-

Notgeld von Heiligendamm

ginalaussehen der längst verflossenen Glanzjahre. Der Stadt wurde in diesem Zusammenhang das schmückende „Bad" vor dem Ortsnamen verliehen. Die wirtschaftlichen Verhältnisse im Ostseebad lagen aber schon seit dem Krieg völlig am Boden. 1912 beginnend, hatte das Lübecker Bankhaus Louis Wolff KG, das zu der Zeit in der Hand von Alexander Carlebach war, nach und nach bis 1920 die Mehrheit der Aktien im Wert von 492 000 Mark aufgekauft. Die Geschäfte wurden seit 1917 von Lübeck aus getätigt. Die Geschäftsführer wechselten damals fast jährlich. Die Inflation gab der siechenden GmbH den Rest, ohne daß sie aber aufgelöst wurde. Die Bilanz zum 31. Dezember 1922 ergab ein Defizit von

4 031 019,81 Mark. Hinzu kamen Bankschulden in Lübeck in Höhe von 4 698 690,43 Mark. Dagegen standen lediglich 2,5 Millionen, die sich aus dem Wert der Grundstücke, dem Inventar und den Aktienanteilen ergaben. Die Ostseebad Heiligendamm GmbH wandte sich deshalb im August 1922 an die Regierung, um einige Schulden wenigstens zu stunden.

Der Verfall des ältesten deutschen Seebades
„Das Ostseebad Heiligendamm hat schon im Winter durch die Sturmschäden schwer zu leiden gehabt. Die Reparaturen haben allein einen Aufwand von ca. 400 000 M nötig gemacht. Die diesjährige Saison ist infolge der Ungunst der Zeit- und Witterungsverhältnisse eine sehr schlechte gewesen. Die Gesamtunterbilanz dieses Jahres wird 1 Million weit überschreiten.
Die meisten derjenigen Baulichkeiten, welche nach 1872 hinzugekommen sind, liegen seit Jahren brach und unbenutzt. Von den damals hinzugebauten 13 Villen und Logierhäusern sind nur sehr wenige Wohnungen und nur auf kurze Zeit vermietet."
(MLHA Ministerium der Finanzen 7404)

Aus dem Hotel „Fürstenhof" war bereits die gesamte Einrichtung des Hauses versteigert. Das Gebäude sollte abgerissen werden. Die GmbH hatte gehört, daß es eventuell als Altersheim oder gar für „Schwachsinnige" genutzt werden sollte. Da man eine Beeinträchtigung für die Badegäste befürchtete, wurde Protest eingelegt. Der Protest half nichts. 1924 kamen die Alten. Was dem Ort in dieser Situation fehlte, war der Prinz aus dem Märchen oder der reiche Onkel aus Amerika. Realität wurde eine Mischung aus beidem. 1923, nach der Inflation, übernahmen drei neue Gesellschafter die GmbH. Baron Oskar von Rosenberg aus Zürich zeichnete für eine

Treuhandvereinigung Berlin seit 1924 225 000 Goldmark. Kurt Kramer vertrat eine Berlinische Bodengesellschaft mit 150 000 und der Rechtsanwalt Fritz Knaack aus Doberan die Grunderwerbsgesellschaft Berlin mit 225 000 Goldmark. Damit war die Gesamtsumme der Anteile auf 600 000 Goldmark heruntergesetzt worden. Knaack war schon seit 1919 in verschiedenen Belangen mit der GmbH befaßt, kannte sich also in dem ganzen Dilemma aus und übernahm 1925 auch die Geschäftsführung. Ihm kam seitdem in der GmbH eine Schlüsselstellung zu. Hinter den Kulissen sah es so aus, daß Baron Rosenberg über seine Firma O. A. Rosenberg Zürich alle Anteile kontrollierte. Die verschiedenen Gesellschaften gehörten ihm oder waren vorgeschoben. Diesem Mann ist eigentlich die Rettung des Seebades nach dem Verfall durch Krieg und Inflation zu danken. Gleichzeitig wurde ein Aufsichtsrat gebildet, dem Herzog Adolf Friedrich zu Mecklenburg, der ständig in Bad Doberan wohnte, vorsaß. Überhaupt hat dieses Mitglied der fürstlichen Familie großen Anteil an der Entwicklung Heiligendamms genommen, was u. a. in seinen Funktionen als Vorsitzender des Rennvereins und später auch des Golfvereins zum Ausdruck kam. Baron Rosenberg trat im Zusammenhang mit Heiligendamm nie öffentlich in Erscheinung. Auch Knaack zeigte in Bemerkungen über den Geldgeber Verschwiegenheit. Nach außen waren immer nur der Geschäftsführer oder die wechselnden Pächter sichtbar. Das führte zu einer Meldung des Doberaner Drosten (Amtmannes) an die Regierung in Schwerin, die belegt, daß man in den Amtsstuben recht ungenau informiert war.

Der jüdische Baron

*„Sicherem Vernehmen nach befinden sich a l l e Anteile der Seebad Heili-
gendamm-Gesellschaft in den Händen des sehr reichen jüdischen öster-
reichischen ‚Barons‘ Rosenberg.“*
(MLHA Ministerium der Finanzen 7404)

Mit dem Geld aus der Schweiz wurde umfassend investiert und aus
dem ruinösen Zustand wieder eine Perle unter den Ostseebädern.
Die Werbetexte in den einschlägigen Prospekten stimmten wieder
das Hohelied der Exklusivität Heiligendamms an, wobei der natio-
nale Unterton wegfiel und wieder einer mehr europäischen Dimen-
sion Platz machte.

Ein Stück Italien in Deutschland

*„Mit seinem weißen Kurhaus und seinen leuchtenden Villen vor dem dun-
klen Buchenwald bietet es dem von See kommenden Beschauer ein Bild
von unvergeßlichem Reiz. – Böcklinstimmung. – Irgend etwas südliches,
Italienisches liegt über Wald und Häusern; man kann es nicht formulieren,
aber es ist da. Charme des Südens. Sähe man das gleiche Bild am Mittel-
meer, man würde nicht erstaunt sein.*
*Und dann ein Stil in der Anlage des Kurhauses und der ganzen zum Bade
gehörenden Häusergruppe. Nur ererbte Kultur und durch Tradition sicher
gewordener Geschmack konnten derartiges schaffen.*
*Dieses Bad nun, das an Stil und Vornehmheit nicht seinesgleichen hat, soll
nicht Gefahr laufen, an baulicher Arterienverkalkung eines sicheren, aber
unrühmlichen Todes zu sterben.*
*Die neuen Besitzer sind sich der Kulturmission, die sie als Eigentümer eines
so einzigartigen Ortes der Mitwelt schulden, bewußt gewesen und haben
alles Erdenkliche getan, um dem im Laufe der Jahre etwas altersschwach
gewordenen Bade neuen Odem einzuhauchen.*
*Aus Heiligendamm, diesem grandseigneuralen Sitz vergangener Tage,
wurde ein Weltbad ersten Ranges. Alte Kultur, landschaftliche Schönheit*

und modernste Bequemlichkeit finden sich hier in glücklichster Weise ver-
eint.
Von der ‚Ostseebad Heiligendamm G.m.b.H.' sind für die Verschönerung
und Verbesserung der Gebäude sowie für moderne technische Einrichtun-
gen – Zentralheizung im Kurhause, warme Seebäder, eine große Anzahl
Badezimmer, Zimmertelephon – außerordentliche Mittel aufgewendet wor-
den. Ein bekannter Innenarchitekt hat hier mit künstlerischem Geschmack
Vorbildliches geschaffen.
Die große, lichte, nach modernsten Grundsätzen eingerichtete Küche wur-
de neu gebaut.
Eine eigene Hausfeuerwehr, ausgerüstet mit einer Motorspritze und einer
21 m hohen Magirusdrehleiter, dient der Sicherheit bei Feuersgefahr."
(Ostseebad Heiligendamm. O.O. [1925], o. S.)

Hinzuzufügen ist, daß auch die Sportstätten, wie Golfplatz, Ton-
taubenschießstand und Tennisanlagen, völlig neu aufgebaut sowie
die Buhnen erneuert wurden. Für die gehobene Gesellschaft standen Automobile, Segel- und Ruderboote wie auch ein elegantes
Motorboot zur Verfügung. Cafés, eine Bar und Konzerte sorgten für
Unterhaltung. Doch auch im Umfeld der GmbH erwachte neues
Leben. Nach Warnemünde, Brunshaupten und Arendsee bestand
tägliche Dampferverbindung. In der südlichen Hälfte des nicht
mehr benötigten Marstalls baute Otto Kirchgeorg ein Restaurant
mit Logierzimmern aus (heute „Palette"). Krieg's Hotel wurde zu
einem vereinseigenen Kaufmannserholungsheim umgestaltet, das
auch noch eine Filiale am Bollhäger Weg hatte, unmittelbar neben
einem Kinderheim und dem Seniorenhotel, wie man heute sagen
würde, was bei der GmbH nicht unbedingt auf Gegenliebe stieß.

Die unliebsamen Konzertbelagerer

„Die früher aus dem Terrain der GmbH abgetrennten einzelnen Grundstücke, jetzt Kaufmanns-Erholungsheim, Altersheim, Schwesternheim Tabea, Kinderheim, sind die einzigen, die an die politische Gemeinde Heiligendamm noch Steuern und Abgaben zu zahlen haben, und die einzigen, für die die Gemeinde Heiligendamm auch etwas tut, indem sie für Bademöglichkeiten am sogenannten Kinderstrand in geringem Umfang Sorge trägt. ...
Die GmbH hat lediglich die zweifelhafte Genugtuung, dass die Insassen der verschiedenen Heime die Bänke der GmbH bei Konzerten und sonstigen Gelegenheiten belagern."
(MLHA Ministerium der Finanzen 7405)

Hinter der strahlend weißen Fassade fand also ein schmutziger Kleinkrieg statt. Höchster Besuch blieb trotzdem nicht aus. Besonders die Pferderennen, die seit 1922, pünktlich zu ihrem eigenen einhundertsten Jahrestag, wieder stattfanden, zogen nach wie vor Tausende Besucher an. 1927 gab sich sogar der Reichspräsident Paul von Hindenburg die Ehre.

Der Reichspräsident am mecklenburgischen Ostseestrande

„Vor dem Kurhaus und im Kurhaus selbst wartete eine freudig erregte Menge, die das greise Reichsoberhaupt stürmisch begrüßte. Vor dem Eingang wurde der Reichspräsident durch Herzog Adolf Friedrich im Namen des Rennvereins bewillkommnet und dann zum Frühstück geleitet.
Die Abfahrt nach dem Rennplatz war wiederum von lebhaften Huldigungskundgebungen der zahlreichen Einheimischen und Kurgäste aus Heiligendamm und den benachbarten Ostseebädern begleitet.
Mit ganz besonderer Freude und Genugtuung wird sich der Doberaner Rennverein dieses Tages erinnern. An Eintrittsgeldern wurden am Sonntag rund 25.000 Mark eingenommen. Der Totalisatorumsatz betrug 56.000 Mark.

Ein riesiger Autopark auf dem Vorplatz der Rennbahn war die zwangsläu-
fige Begleiterscheinung einer Tribünenüberfüllung sondergleichen. Noch
lange nach der Ankunft des Reichspräsidenten auf der Rennbahn traten
auf den Anfahrtsstraßen alle Augenblicke Verkehrsverstopfungen ein.
Man muß Hindenburg gesehen haben, als er sich von seinem Sitz erhob,
um den Gruß der Teilnehmerinnen am Amazonenrennen entgegenzuneh-
men. Ein Damenrennen hatte er bisher noch nicht gesehen. Leider war das
Rennen nur mit fünf Pferden besetzt."
(Rostocker Anzeiger Nr. 171 vom 26. 7. 1927, S. 1 f.)

Trotz recht guter Auslastung des Bades während der Saison kam
die GmbH nicht aus den roten Zahlen heraus. Die Investitionen
hatten ein enormes Defizit hervorgerufen. Obwohl die Minusbilanz
für 1926 nur 10.589 Mark auswies, lagen die Gesamtschulden bereits wieder über 2 Millionen. Davon trug Baron Rosenberg mit seinem Züricher Unternehmen allein über 1,5 Millionen, während die
Restsumme als Schuld bei der Dresdner Bank stand, für die Rosenberg ebenfalls die Bürgschaft übernommen hatte. Durch den Abschluß von 1926 und auch die Ergebnisse von 1927 und 1928
wurde die Hoffnung auf Gewinn wieder genährt. Die „Goldenen
Zwanziger" strahlten auch auf Heiligendamm. In diesen Zeiten all-
gemeiner Prosperität wurde 1928 der Besuch am Heiligendamm
und auf der Rennbahn von zwei damals äußerst populären Männern wieder zu einem nationalen Ereignis im doppelten Sinne. Der
angeschlagene Ton war dementsprechend.

Sie flogen für Deutschland

„Herzog Adolf Friedrich führte aus: ‚Sie, meine Herren Ozeanbezwinger,
im Namen des Doberaner Rennvereins auf Deutschlands ältester Renn-

bahn begrüßen zu können ist mir eine große, besondere Freude. Wir Meck-
lenburger, denen die Tat stets mehr galt als das Wort, wir huldigen ihnen
als Männer der Tat. Unsere Huldigung gehört zunächst Herrn Baron Hü-
nefeld, dem es gelang, Männer zu finden, die die Mittel zum deutschen
Ozeanflug bereitstellten. Unsere Bewunderung gilt Ihnen, Hauptmann
Köhl, Ihrer Beherrschung des Flugwesens und der Flugtechnik. Wir danken
Ihnen, daß Sie den Weg zu uns, zu dieser überlieferungsreichen alten
Doberaner Kampfstätte gefunden haben.'
Hauptmann Köhl erwiderte: ‚Wie wir in den Jahren 1914 bis 1918 unser
Leben eingesetzt haben wie jeder andere Deutsche, so haben wir auch
diesmal unser Leben nicht geachtet, denn es galt, das Ansehen Deutsch-
lands zu festigen. ...
Ich schließe mit dem Wunsche, daß auch das Mecklenburger Land, daß
das ganze deutsche Vaterland langsam, aber sicher, wieder emporsteigen
möge. Das walte Gott!' Zu beiden Seiten der Straße nach Heiligendamm
hatten in langer Reihe die Mitglieder des Gaues Mecklenburg des Allgemei-
nen Deutschen Automobilclubs mit ihren Wagen Aufstellung genommen.
Auch hier gab es herzliche Huldigungen. Die Strecke war mit rastenden
und fahrenden Kraftwagen förmlich verstopft. Im Kurhaus Heiligendamm
wartete wiederum eine große Menschenmenge auf das Eintreffen der Flie-
ger."
(Rostocker Anzeiger Nr. 171 vom 24. 7. 1928. S. 1)

„Große Zeiten" warfen hier schon ihre dunklen Schatten voraus.
Doch zunächst bekam das Ostseebad andere Schattenseiten zu
spüren. Die Weltwirtschaftskrise zog auch Heiligendamm in Mitleidenschaft.

Gewaltige Schuldennachlasse

„Gerade die Kreise, die Heiligendamm früher besuchten sind zum größten
Teil verarmt, oder wenden sich anderen Gegenden zu, wo größere und be-
suchtere Sportplätze ähnlicher Art entstanden sind. Der größte Teil des
Publikums geht heute in die ausländischen Modebäder. Während noch zu

Zeiten des Herrn von Kahlden bis Ende der 90er Jahre der Heilige Damm
erhebliche Überschüsse brachte, ist derselbe infolge der gänzlich veränder-
ten wirtschaftlichen Verhältnisse heute ein absolutes Zuschußobjekt."
Weiter galt, „daß der alleinige Geldgeber der Heiligendamm-Gesellschaft
durch gewaltige Schuldnachlasse die Bilanzen alljährlich ausgeglichen
hat.
Im Jahre 1925 sind 515.000 RM
im Jahre 1926 sind 480.000 RM
im Jahre 1927 sind 370.000 RM nachgelassen.
Daneben werden noch gewaltige persönliche Summen alljährlich in den
Betrieb hineingesteckt."
(MLHA Ministerium der Finanzen 7405)

Der Gast wird trotzdem weiter mit der Exklusivität und dem Charme des Bades umworben, wobei man allerdings sogar dabei die allgemeine politische und wirtschaftliche Situation nicht ganz außer
acht lassen konnte.

Kurprominenzbad
der dreißiger Jahre und Krieg

Aller Komfort, den Menschenhirn ersann

„Nicht immer wird es in unserer bitterernsten Zeit möglich sein, sorgenfrei hierherzukommen, aber auch dem ärgsten Hypochonder muß und wird es hier gelingen, in ganz kurzer Zeit alle Sorgenlast abzuschütteln und zu vergessen. Wie an einer Perlenschnur angereiht, vereinigen sich Vorzüge auserlesener Art zu einem Zauberstab, um die Sorgen und Wirren der großen Welt vergessen zu machen. Ich glaube, daß Heiligendamm bzw. sein Kurhaus heute wohl der mondänste, in hoteltechnischer und architektonischer Hinsicht vollkommenste Betrieb an der ganzen Ostseeküste ist. Das will schon etwas heißen, denn man hat auch an der östlichen Waterkant große Anstrengungen gemacht, um mit der Zeit zu gehen.

Werfen wir einen Blick in das Kurhaus-Grandhotel.

Hier finden wir alles vereinigt, was Menschenhirn ersann, um dem reisenden Menschen auch ein vielleicht sehr komfortabel eingerichtetes Heim zu ersetzen. Zusammenhängende Appartements mit Privatbad, schön und gediegen ausgestattete, ungewöhnlich große, hohe und luftige Doppel- und Einzelzimmer, mit oder ohne Privatbad, mit fließendem heißen und kalten Wasser, Zentralheizung, Ferntelephon, Lichtsignalanlage, Doppeltüren, der Fußboden mit weichem Velour belegt, stehen dem Gast zur Verfügung. Neuerdings hat die rührige Verwaltung unmittelbar vor dem Kurhaus einen ausgedehnten Sandstrand geschaffen. Damit wurde eine Lücke in den sonstigen vielen Reizen Heiligendamms ausgefüllt. Nun können Kinder und Erwachsene im Sand buddeln, Burgen bauen und im Sande lagern. Fast unnötig ist es zu bemerken, daß die Gäste wie eine große Familie ganz unter sich sind, denn dieser Teil des Strandes und die breite Promenade sind nur den Gästen zugänglich.

Seit dem Jahre 1931 liegt die Leitung von Heiligendamm in den Händen von Günter Siegert. Es handelt sich um einen Hotel- und Wirtschaftsbetrieb von 400 Zimmern mit 500 Betten, er gehört also zu den größten in

Kurhotel, um 1930

Mit den vorhergehenden Pächtern hatte die GmbH tatsächlich Pech. Gegen Bruno Pagel, der gleichzeitig Besitzer des Sporthotels in Oberwiesenthal war, wurde 1930 ein Konkursverfahren eingeleitet und auch die darauf folgende Baugenossenschaft des Deutschen Evangelischen Volksbundes eGmbH aus Mühlheim an der Ruhr mußte ein Jahr später Konkurs anmelden. Siegert unterbrach zwar seinen Pachtvertrag zwischendurch für ein Jahr, um sich in Berlin zu versuchen, kehrte aber zurück und blieb bis 1942, um dann das Hotel „Alcron" in Prag zu kaufen.

Im Gegensatz zur Besitzerin scheinen die Pächter also durchaus die Möglichkeit gehabt zu haben, Gewinn zu erzielen. Im umfangreichen Pachtvertrag war auch festgeschrieben, wie das Unternehmen zu führen sei.

Die alte vornehme Form

Für den permanenten Streitapfel, das Seehospiz, schien sich 1930 eine Lösung abzuzeichnen, da sich das Mecklenburgische Rote

Der Rote Saal

Der Salon

Die Empfangshalle

Wurftaubenschießplatz

Tennisplätze

Die Auto- und Motorradrennbahn

Kreuz für das Objekt interessierte und es auch kaufen wollte. Bei einer Besichtigung kamen aber die katastrophalen hygienischen Bedingungen, unter denen die unbemittelten Patienten hier genesen sollten, zur Sprache.

Das ekelerregende Tischtuch

„Man sieht überall, daß die ganze Angelegenheit seitens des Verpflichteten, der Heiligendamm G.m.b.H. bzw. des Pächters vom Kurhaus mit wenig Liebe behandelt wird. ...

Die Einrichtung der Zimmer zeigt eine übergroße Einfachheit oder Lieblosigkeit. Durchweg sind dort die ältesten Möbelstücke abgestellt. ...

Der Kaffee wird z.B. im Blecheimer oder Tonkrug ausgegeben und in mehr oder weniger zerbrochene Tassen gefüllt. Die gelieferte Butter, die für eine Woche ausgegeben wird, bleibt selbst im heißen Sommer in dem Essenraum stehen. Gelieferte Marmelade befindet sich in einem großen Blechgefäß und wird dadurch unappetitlich. Das Geschirr ist mehr oder weniger zerbrochen. Das Tischtuch, wenn überhaupt eins vorhanden ist, wird nur selten ausgewechselt und ist daher ekelerregend unsauber. ...

Wir möchten nochmals betonen, daß der jetzige Zustand nach unserer Auffassung völlig unhaltbar ist. Eine ganze Reihe von Pfleglingen, die am Heiligendamm gewesen sind, haben nur mit Schaudern von den dortigen Zuständen berichtet."

(MLHA Ministerium der Finanzen 10731)

Der Besitzerwechsel kam nicht zustande. In den folgenden Jahren wurde für die Unterbringung dieser Patienten die ehemalige Telegrafenanstalt notdürftig hergerichtet und das Seehospiz zu Wohnzwecken vermietet.

Für die GmbH taten sich durch die politische Entwicklung 1932 aber schon wieder neue Schwierigkeiten auf.

Die Notverordnungen und Heiligendamm

„Durch die Notverordnung sind unserem ausländischen Geldgeber (Baron Rosenberg - W.K.) seine sämtlichen Bankguthaben in Deutschland, insbesondere bei der Dresdner Bank und den sonstigen Banken gesperrt. Unser Geldgeber ist dadurch auf der anderen Seite derart verärgert worden, dass man ihm auch aus sonstigen Gründen nicht zumuten kann, neue Devisen nach Deutschland hineinzubringen. Es ist zu befürchten, daß er, falls seine Guthaben nicht freigegeben werden, die Hand von dem Bade überhaupt abzieht, sodass dasselbe nicht mehr aufrecht zu erhalten ist. Wir haben bei der Devisenstelle in Berlin Antrag auf Freigabe größerer Summen gestellt. Die Freigabe war zunächst in Aussicht gestellt, ist dann aber widerrufen. Es ist Beschwerde von uns bei dem Reichswirtschaftsminister eingelegt."
(MLHA Ministerium der Finanzen 7405)

Mecklenburg erlangte 1932 neben Thüringen den traurigen Ruhm, bei den Landtagswahlen bereits eine nationalsozialistische Mehrheit gewählt zu haben.

Trotz der Warnung oder Drohung, die Unterstützung für Heiligendamm einzustellen, wurden nachweislich noch bis 1937 und vermutlich darüber hinaus weiterhin durch Schuldenerlaß die jährlichen Verluste der GmbH ausgeglichen. Dabei betrug der direkt durch die Firma O.A. Rosenberg Zürich geleistete Betrag immer um 34.000 Mark. Inwieweit die durch die Dresdner Bank erlassenen Schulden noch in der Verfügungsgewalt Rosenbergs waren, ist nicht genau feststellbar.

Die Verluste lagen 1935 und 1936 noch jeweils um 220.000 Mark und sanken 1937 auf 158.000 Mark. 1940 betrug die Gesamtschuldenlast bereits über eine Million, die 1941 noch um 136.000 Mark anstieg. Das Sinken der Verlustquoten vor dem zweiten Weltkrieg lag an der stärkeren Auslastung des Bades durch die neue Eli-

Hitler und Mussolini 1937 in Bad Doberan
bei der Abfahrt nach Heiligendamm

te des Dritten Reiches und ausgewählten „Volksgenossen" im Rahmen der Aktion „Kraft durch Freude". Göring und Goebbels gehörten bald zu den Stammgästen. Ernst Heinkel, der Besitzer des gleichnamigen Flugzeugkonzerns, kaufte sich die Villa „Sporn" und taufte sie zeitgemäß in „Eikboom" um. Der Gauleiter Friedrich Hildebrandt sicherte sich 1939 ebenfalls hier ein „Sommerhäuschen". „Gekrönt" wurde diese Namensliste durch den mehrfachen Besuch Hitlers, dem Bad Doberan als erste deutsche Stadt bereits 1932 die Ehrenbürgerwürde verlieh. In seiner Begleitung befand sich u.a. auch Mussolini.

Strandkaffee in Heiligendamm, 30er Jahre

Das Haus „Bischofsstab" („Fritz-Reuter-Haus") wurde ebenfalls noch im Herbst 1939, bereits nach Kriegsbeginn, verkauft. Hier quartierte sich der „Kameradschaftsbund Deutscher Polizeibeamten e.V." ein, dem der alte Name offensichtlich suspekt war und der deshalb eine Umbenennung in „Haus Doberan" vornahm.

Die Zahl der KdF-Gäste in Doberan und Heiligendamm betrug 1936 12.780, stieg 1937 auf über 15.000 und erreichte in den beiden darauffolgenden Jahren noch höhere Ziffern.

Großartige Pläne für Heiligendamm standen wieder einmal auf der Tagesordnung.

Verwirklicht wurde ein kleiner Teil. Am 1. April 1936 wuchs wieder zusammen, was zusammengehörte. Das war Anlaß genug zur Grundsteinlegung für ein Verwaltungsgebäude, das nach 1945 dann als Post genutzt wurde. Die eingemauerte Urkunde gibt nähere Auskunft.

Die Wiedervereinigung

„Im vierten Jahr nach der nationalsozialistischen Machtübernahme wurde am 1. April 1936 das Ostseebad Heiligendamm, das seit dem Jahre 1873 von Bad Doberan getrennt war, durch unseren Reichsstatthalter und Gauleiter Friedrich Hildebrandt wieder in die Stadt Bad Doberan eingemeindet.
Aus diesem Anlaß wird heute, am 1. April 1936, der Grundstein zum städtischen Verwaltungsgebäude im Ostseebad Heiligendamm gelegt. Bad Doberan und sein Ostseebad Heiligendamm werden nun wieder den Platz einnehmen, den sie einst besaßen. Diese Entwicklung wurde möglich durch die vom Führer eingeleitete Politik und den damit verbundenen Aufstieg Deutschlands.“
(Niederdeutscher Beobachter Nr. 79 vom 3.4.1936, S. 3)

Doch das eigentliche Jahrtausendbauwerk des Badeortes war am westlich gelegenen Kinderstrand geplant. In zehn deutschen Gauen sollten als „Pflanzstätten bester deutscher Führer" „Adolf-Hitler-Schulen" entstehen. Heiligendamm war als Standort im „Gau Mecklenburg-Lübeck" auserkoren.
Der große Tag der Grundsteinlegung war der 15. Januar 1938. Es goß in Strömen, ein schneidender Wind wehte eisig von Nordost, die durchgeweichten Stiefel steckten im Lehmschlamm, und die Rede des Gauleiters nahm kein Ende. In der Presse las sich das dann so:

OSTSEEBAD
HEILIGENDAMM

Generalpächter: Direktor Günter Siegert

Kurhaus, Grand Hotel und 10 Villen

*Häuser allerersten Ranges
mit jedem neuzeitlichen Komfort*
400 Zimmer ✳ 500 Betten

*Fernspr.: Doberan 3, 49, 64, 65 · Tel.-Adr.: Kurhaus Heiligendamm
Bankkonto: Mecklenburgische Depositen- u. Wechselbank, Doberan*

*Schönster Golfplatz Deutschlands
Tennisplätze, Pferderennen, Wurftaubenschießen
Auto- und Motorradrennen*

Ostseebad Heiligendamm, den   22. Juli 1932.

An das
Mecklenburg-Schwerinische Finanz-
Ministerium,
S c h w e r i n /Mcklbg.,
- -

Briefbogen Kurbad Heiligendamm, 1932

Weiheakt im strömenden Regen

„*Was machte es aus, daß die Erde fußtief durchweicht war, was kümmerte einem der herniederprasselnde Regen, was ein gelegentliches Frösteln? Hier wurde der Grundstein gelegt zu etwas ganz neuem, zur Garantie der Fortdauer eines nationalsozialistischen Deutschlands, zur Schule der künftigen Parteiführerschaft, einer Schule, in der Klassen, Stände und Vermögensvorrechte radikal ausgerottet sind, in der nur rassisches Erbe und Leistung zählen werden. ...*
Nach der Rede überreichten Mauerleute dem Gauleiter den Hammer. Nun erfolgten die drei üblichen Hammerschläge auf den Verschlußstein der zuvor eingemauerten Urkunde mit den Worten: ,Diese Schule soll, das ist unser fester Wille, im Sinne des Führers und seiner Idee eine Pflanzstätte für beste deutsche Führer werden. Dem Führer Adolf Hitler Dank und Sieg

102

Heil!' Kräftig stimmte die mehrtausendköpfige Menge in diesen Ruf ein, über Meer und Land brauste der Gesang unserer deutschen Lieder. Der erste Hammerschlag ist getan und nun frischauf ans Werk."
(Niederdeutscher Beobachter, Folge 13, vom 17.1.1938, S. 4)

So mancher Schnupfen wird die Folge gewesen sein. Doch auch mit der „Fortdauer eines nationalsozialistischen Deutschlands" klappte es nicht so recht, und die weiteren Hammerschläge verhallten bald, da das Maurerwerkzeug mit dem Gewehr vertauscht werden mußte. Der Bau blieb in den Anfängen stecken, und heute erinnert nur noch ein knapper Kilometer asphaltierter Straße zum Kinderstrand an das gescheiterte Unternehmen.

Der Badebetrieb hörte schlagartig auf, wie 25 Jahre zuvor. Das Bad wurde bereits im August 1939 für Heereszwecke beschlagnahmt und zum Reservelazarett erklärt.

Im August 1941 ging der gesamte Besitz der Ostseebad GmbH für 1,7 Millionen Mark an die Reichsmarine. Das Geld erhielt die Dresdner Bank, die damit gerade die hypothekarischen Belastungen tilgen konnte. Formaljuristisch ist die Liquidation nie zu einem Schluß gebracht worden, da die Kriegsereignisse den Abschluß eines so komplizierten Verfahrens unmöglich machten.

An den Heiligendamm zogen 1943 Seekadetten. Die Führung der Schule machte sich in den großherzoglichen Villen breit und kümmerte sich wenig um Proteste. Die Zöglinge bewohnten die ehemaligen Gästezimmer. Doch es wurde bald eng, denn seit Beginn der schweren Bombenangriffe auf Rostock mußten immer mehr Menschen, die ihre Wohnung verloren hatten, untergebracht werden. Schließlich wurden sogar der Marstall und die Garagen genutzt.

Luftaufnahme von Heiligendamm, 30er Jahre

1942 verlor die „weiße Stadt am Meer" ihr Gesicht. Der großherzogliche Aufseher übermittelte seinem Dienstherren die trübe Bot-
schaft am 20. Februar 1942.

Die „weiße Stadt" im Tarnanstrich

*„Hiermit teile ich mit, dass durch Verordnung des Luftfahrt-Ministeriums
hier alle Häuser dunkel angestrichen werden. Der Marstall und die Auto-
garage sind schon gemacht. Die ganzen Villen und Privathäuser werden
alle der Reihe nach gestrichen."*
(MLHA Großherzogliche Vermögensverwaltung 358)

Schließlich wurde 1943 auch noch durch eine Abfindung in Höhe von 26.000 Mark an das Land die Debatte um das Seehospiz beendet. Die Auflagen im Grundbuch zur kostenlosen Unterbringung von jährlich 48 Patienten und die letzte Erinnerung an die persönlichen Bemühungen Prof. Vogels wurden damit gelöscht.

Der Krieg schien ansonsten an Heiligendamm vorbeizugehen – bis zum 26. Juli 1943.

Bomben auf Heiligendamm

„Jetzt soeben, während der Alarmsirene, meldet Klatt (der großherzogliche Aufseher - W.K.), dass gestern Nachmittag 4 Uhr, 8 Bomben im Gespensterwald gefallen wären. Ein Soldat tot, eine Frau schwerverletzt, einige weitere Spaziergänger leicht verletzt. Fast alle Fensterscheiben an den großherzoglichen Gebäuden sind zerstört.“
(MLHA Großherzogliche Vermögensverwaltung 365)

Ein makabres „Geschenk" zum 150. Jubiläum des ältesten deutschen Seebades, aber an diesen Jahrestag dachte niemand. Die Einsamkeit in Heiligendamm außerhalb der Saison hatte zwar ein Ende, doch vermutlich hätten die meisten „Neueinwohner" gern auf die geliehenen großherzoglichen Möbel und eine schöne Umgebung verzichtet, wenn ihnen dadurch Krieg und Bomben erspart worden wären.

Doch es sollte noch enger werden. Im Februar erreichten die Flüchtlinge aus dem Osten das vielgepriesene Fleckchen Erde.

Villen für Flüchtlinge

„Wenige Tage darauf erhielt ich (der Chef der Seekadettenschule – W. K.) Nachricht vom Ortsgruppenleiter Doberan, dass in einigen Stunden 120 Flüchtlinge in Heiligendamm eintreffen würden. ... Ich ließ sofort zwei Strandhäuser räumen, quartierte die dort untergebrachten Kadetten durch Engerbelegung der übrigen Unterkünfte um und ließ die Flüchtlinge in den geräumten Kadettenquartieren unterbringen."
(MLHA Großherzogliche Vermögensverwaltung 365)

Für seine eigene Wohnung im Alexandrinen-Cottage ordnete der Kommandant aber keine Engerbelegung an.

Bei Kriegsende war Heiligendamm ein düsterer, mit Flüchtlingen und Militär vollgestopfter Ort, dem man die alte Pracht und Herrlichkeit des mondänen Bades nur noch mit großer Phantasie ansehen konnte. Aus Angst wurden Anfang Mai große Mengen Munition und Gewehre von der Landungsbrücke ins Meer geworfen, die in späteren Jahrzehnten gefährliche Tauchziele für die Dorfjugend darstellten.

Die totale Zerstörung des Ostseebades drohte aber erst nach Kriegsende.

Planmäßige Demontage

„Nach dem Zusammenbruch – Mai 1945 wurde der Ort von der Besatzungsmacht als Garnison benutzt. Nach dem Abzug der Truppen erfolgte ein planmäßiger Abbau der gesamten Anlage, da diese vorübergehend militärischen Zwecken gedient hatte. Es wurden, soweit bekannt, durch eine Berliner Firma sämtliche Versorgungsleitungen in den Gebäuden, die Zentralheizung im Kurhaus, elektrische Anlagen herausgerissen und abtransportiert. ...
Die mangelnde Dienstaufsicht durch die Stadt Doberan, die Einsetzung

von teilweise ungeeigneten Personen als Wachposten u.a.m. waren (an-
schließend) die Grundlage für die vollständige Ausplünderung der stark
beschädigten Anlagen mit seinen Inneneinrichtungen. Unerwähnt kann
aber nicht gelassen werden, dass alle Dächer grosse Schäden aufwiesen
und die Kanalisationsleitungen völlig versagten."
(MLHA Ministerium des Innern 7342)

Diese sachliche Schilderung derjenigen, die sich der mühevollen
Aufgabe unterzogen, aus den Trümmern wieder ein Ostseebad her-
zurichten, wird ergänzt durch einen Augenzeugen.

Ein Bild des Verfalls

„Verwahrlost ragen Buhnen und Landungsbrücke in die See. Ihr Anblick
stimmt traurig. Zwei – drei Fischerboote sind auf Land gezogen, und meh-
rere ausgebreitete Netze bedecken den Boden.
Verloren und trostlos stehen Hotels, Pensionen und Kurhäuser da. Leere
Fensterhöhlen gähnen. Terrassen und Wege sind mit Unkraut überwu-
chert. Steine liegen umher. Die Tarnfarbe der Gebäude ist längst vom Re-
gen verwaschen. Ein Bild des Verfalls und der Vernichtung. Unheimlich
hallen die Schritte in den weiten, leeren Räumen. Tapeten hängen in Fet-
zen von den Wänden. Der Putz bröckelt ab."
(Landeszeitung für Mecklenburg Nr. 253 vom 29.10.1948, S. 3)

Kurbad der Werktätigen

Bereits im Juni 1947 faßte die Landesregierung in Schwerin einen Beschluß, der die weitere Existenz des ältesten deutschen Seebades sicherte. Danach wurden alle Gebäude, soweit sie sich nicht noch in Privathand befanden, d.h. auch die großherzoglichen Villen, der Sozialversicherungsanstalt Mecklenburg „für die Genesendenfürsorge" zur Verfügung gestellt. Besonders angemerkt wurde die Berücksichtigung der Denkmalpflege am Kurhaus. Ein Restitutionsanspruch für die fürstlichen Villen durch die Großherzogliche Vermögensverwaltung im Namen Herzog Christian Ludwigs im Jahre 1946 geriet in die Presse und zu einem propagandistischen Feldzug. Die Besitzungen waren im Sinne des Befehls Nr. 124 der Sowjetischen Militäradministration in Deutschland (SMAD) als „herrenloses Gut" deklariert worden. Im Dezember 1947 begannen die Bauarbeiten unter Leitung von Lutz Elbrecht und seinem Stellvertreter Adolf Kegebein. Ein Bauausschuß auf Landesebene, dem auch der Landtagspräsident Carl Moltmann angehörte, hat hier seine Möglichkeiten wirkungsvoll eingebracht. Eine großartige Leistung in diesen Zeiten, in denen es eigentlich an allem und besonders an Baumaterial mangelte.

Doch nicht nur der Mangel selbst, sondern auch seine Folgen machten den Bauleuten zu schaffen.

Das gestohlene Material

„Aber auch bei Beginn des Bauvorhabens hatte die Bauleitung erhebliche Schwierigkeiten gegen das erneut auftretende Banditentum, das fernerhin Zinkabfallrohre, Bleirohre, eingesetzte Fensterscheiben, Türen, neuverleg-

Strandansicht Heiligendamm,
50er Jahre

te elektrische Leitungen, Notverschalungen, Fußboden und Waschbecken u.a.m. stahl."
(MLHA Ministerium des Innern 7342)

Entsprechend euphorisch war die Berichterstattung, als dann im Herbst 1948 tatsächlich die Gäste kommen konnten. Die erste Belegung bestand aus 40 „Aktivisten aus Mecklenburg" im Fritz-Reuter-Haus und im Georg-Adolph-Demmler-Haus (später Rosa-Luxemburg-Haus).

Wohltuende Behaglichkeit

„Die Sozialversicherungsanstalt Mecklenburg hat die dankbare und schwierige Aufgabe übernommen, Heiligendamm wieder erstehen zu lassen: als Kur- und Erholungsstätte für das schaffende Volk. Die exklusive ,bessere Gesellschaft' wird sich hier nie mehr auf Kosten der Werktätigen von ihrem Drohnendasein ,erholen'. Wir betreten die neu hergerichteten Häuser. Wohlige Wärme schlägt uns entgegen. Aus einem Radioapparat tönt Musik. Blumen und weiße Decken zieren die Tische. Geschmackvolle Bilder in gefälliger Anordnung schmücken die in hellen Farben gehaltenen Wände. Alles strömt wohltuende Behaglichkeit aus. Läufer auf Gängen und Treppen dämpfen sacht die Schritte. Einfach und geschmackvoll sind alle Einrichtungsgegenstände."
(Landeszeitung für Mecklenburg Nr. 253 vom 29.10.1948, S. 3)

War die Zahl der Arbeiter, die mit dem Ausbau beschäftigt war, 1948 bereits auf 200 gestiegen, so konnte sie 1949 auf über 300 erhöht werden. Entsprechend wuchs die Bettenkapazität.

Ganzjähriger Kurbetrieb

„Im Februar 1949 wurde Herr Böttge als Kur- und Verwaltungsdirektor in Heiligendamm eingesetzt.

Kurhausatmosphäre, 50er Jahre

Innenräume der Kurhäuser

Zimmereinrichtung

111

Im Mai 1949 wurden die Großküche im Kurhaus, sowie der Kursaal in Betrieb genommen, wo z.Z. ca. 140 Gäste versorgt werden.
Zwei der fertiggestellten Gebäude wurden außerdem der DWK (Deutsche Wirtschaftskommission - W.K.) zur Verfügung gestellt. Am 15. August 1949 wird ein Teil des Kurhauswohnflügels mit ca. 100 weiteren Betten der Verwaltung übergeben.
Das Ziel für 1949 besteht in der Fertigstellung des gesamten Kurhauses und Grand-Hotels (Haus Berlin - W.K.) mit weiteren ca. 250 Betten. Diese Gebäude stellen das eigentliche Kurzentrum dar und werden mit Zentralheizung versehen, sodass hier auch in den Übergangszeiten der Kurbetrieb durchgeführt werden soll."
(MLHA Ministerium des Innern 7342)

Zwar wurde die Zielstellung erst 1950 erreicht, was aber die Leistung keineswegs schmälert. Auch einen kleinen Neubau hatte man im Herzen des alten Ensembles vorgesehen: Zwischen Kurhaus und dem ehemaligen Grand-Hotel sollte ein überdachter und verglaster Säulengang entstehen, der glücklicherweise (vermutlich aus Kostengründen) nicht ausgeführt wurde.

Mitten in diesen Mühen mußte die südliche Ostseeküste wieder einmal eine schwere Sturmflut über sich ergehen lassen.

Der Dammbruch

„Am 1. März 1949 lag früh, wie hingezaubert, eine Schneedecke von 6 – 7 cm Höhe. Ein steifer Wind wehte, der im Laufe des Vormittags an Stärke zunahm und zu einem regelrechten Schneesturm ausartete. See und Land versanken unter einer grauen Wand. Am Nachmittag schon brauste ein orkanartiger Sturm aus nordöstlicher Richtung von See her über das Land. Am Spätnachmittag setzte eine regelrechte Sturmflut ein. Mit Pfeifen und Toben brauste der Orkan. Es orgelte in der Luft. Unmöglich, gegen die Gewalt des Sturmes anzukommen. Jahrhundertealte Bäume krachten ent-

wurzelt zu Boden, junge Bäume zerbrachen wie Streichhölzer. Mit unge-
stümer Gewalt raste die See gegen die Ufer, zerschlug den Dammweg öst-
lich des Fritz-Reuter-Hauses auf einer Strecke von 400 m, frißt sich in den
Steindamm ein, überflutet ihn und bricht endlich durch. Das Gelände bis
zum Golfhaus und das Max-Planck-Haus stehen unter Wasser. Dunkle
Nacht ringsum. Mit donnerndem Krach wird die Hälfte der alten See-
brücke weggerissen. Der Sturm tobt mit unverminderter Heftigkeit. Licht-
und Telefonleitungen sind zerstört.
In der Frühe des 2. März läßt der Sturm etwas nach. Fieberhaft wird gear-
beitet, um die Bruchstelle am Damm zu schließen. Meterhoch liegen die
Steine auf der Straße nach Börgerende. Die Trümmer der Brücke hat die
See teilweise bis zur Jennewitz-Schleuse verschlagen. ...
Und wieder springt der Wind um auf Nordost und frischt erneut auf. Die
See erreicht wieder den Kamm des Dammes und spült über die abgetra-
genen Teile. Die neugeschaffenen Anlagen sind ein riesiges Steinfeld. Allein
im Waldgebiet der Kur- und Erholungsstätte sind 26 starke Buchen ein
Opfer des Sturmes geworden. ... Glimpflich kam Heiligendamm über den
12. Dezember 1949. Die Strandpromenade wurde in Mitleidenschaft gezo-
gen und die Montagebalken des Buhnenbaues durch schwere Brecher zer-
trümmert."
(Böttge, Bruno, Die weiße Stadt am Meer. Ostseebad Heiligendamm. Hei-
ligendamm o.J., S. 19 f.)

Für die Innengestaltung im Empfangsgebäude (Haus Berlin) mit
keramischen Reliefs lieferte Prof. Friedel Liebscher, der später
auch an der Fachschule für angewandte Kunst wirkte, bereits 1950
die Entwürfe. Allerdings wurden die Reliefs bereits in den 60er
Jahren bei einer Umgestaltung entfernt. Der zügige Fortgang der
Arbeiten ist sicher zum Teil auf die Bereitstellung von zwei Häusern
für die DWK, quasi die oberste deutsche Verwaltungsbehörde in
der Sowjetischen Besatzungszone, zurückzuführen.
Eine erneute Nutzung des Golfplatzgeländes scheiterte daran, daß

das Land bereits durch die Bodenreform zur landwirtschaftlichen Nutzung vergeben war und diese Entscheidung aus politischen Gründen nicht wieder rückgängig gemacht werden konnte. Insgesamt waren in Heiligendamm vier Neubauern und ein Gärtner angesiedelt worden. Verschiedene Flüchtlinge blieben in Heiligendamm und fanden hier Arbeit.

Erneut wechselten die Villen und Hotels die Namen. Neben Städtenamen mußten bedeutende Persönlichkeiten, die dem neuen ideologischen Selbstverständnis entsprachen, herhalten. Einen Bezug zum Ort hatten sie nicht. Nach Bischofsstab und Doberan folgte nun Fritz Reuter. Die Perle wurde zum Maxim-Gorki-Haus. Das Kurhaus nannte sich nun Haus Mecklenburg. Auch der erst 1948 nominierte Hofbaurat und Sozialdemokrat Georg Adolph Demmler mußte 1950 Rosa Luxemburg weichen. Die Namen von Max Planck, Käthe Kollwitz oder Karl Liebknecht zierten weitere Häuser. Als letztes Gebäude wurde die „Burg", man muß schon sagen, neu gebaut, da der gesamte Dachstuhl ausgebrannt war. Dieses Haus erhielt den Namen „Glück auf", der auf die Kuren besonders für Bergleute mit Lungenkrankheiten oder -schäden hinweisen sollte. Völlig anders und völlig neu waren der ganzjährige Kurbetrieb und die dadurch wesentlich höheren Zahlen an Kurgästen, die 1954 bereits fast 12.000 erreichten. Das setzte auch eine ganz andere personelle Besetzung voraus. Die Zeiten des Badearztes als Einmann-Unternehmen waren endgültig vorbei.

Eine finanzielle Eigenbeteiligung oder gar Vollfinanzierung durch die Patienten wurde nicht in Erwägung gezogen. Alle Kuren waren kostenlos bzw. wurden durch die Sozialversicherung getragen. Die Aufwendungen waren beachtlich.

2,5 Millionen Mark jährlich
„Um die Kurgäste zu bedienen und das Heim zu verwalten, sind rund 230
Menschen beschäftigt. Für Heiligendamm allein – es ist der fünftgrößte
Kurort für Werktätige in der DDR – werden jährlich etwa 2,5 Millionen
DM ausgegeben, und für Einrichtung, Renovierung und Neubauten sind in
den letzten Jahren sieben Millionen DM notwendig gewesen."
(Schweriner Volkszeitung Nr. 8 vom 11. 1. 1954, S. 9)

Der Kurbetrieb konnte auch weiterhin nur mit Zuschüssen auf-
rechterhalten werden. Der Unterschied zur Vergangenheit bestand
allerdings darin, daß sie als staatliche Subventionen geplant vergeben wurden.

Neben den medizinischen Aufgaben, die bis 1955 ausschließlich in
vorbeugenden und Genesungskuren bestanden, mußte Heiligendamm auch wieder als Vorzeigeobjekt politischen Zielen dienen. So
weilten auf Einladung eines mecklenburgischen Friedenskomitees
Jugendliche und Frauen aus Westberlin, die sich für die Ächtung
der Atombombe eingesetzt hatten und dafür inhaftiert worden waren, 1951 in Heiligendamm zur Erholung. Die Schlagzeile dazu
lautete: „Vom Stupo-Keller an die Ostsee" (Stupo – Stummpolizei,
nach dem damaligen Westberliner Polizeipräsidenten – W. K.). Ende der 50er Jahre, als immer mehr Intellektuelle und Künstler aus
den verschiedensten Gründen in die Bundesrepublik gingen, wurden die in der DDR Verbliebenen besonders gefördert und auch be-
vorzugt. In Heiligendamm, wo seit 1954 eine Fachschule für Angewandte Kunst angesiedelt war, ergab sich mit den Medizinern des
Sanatoriums eine Konzentration dieser sozialen Gruppe. Deshalb
fand z. B. 1957 eine Aussprache zwischen Angehörigen der Intelli-
genz statt, wobei besonders die günstigen Ausbildungsmöglichkei-

ten für die späteren Industriegestalter und Grafiker besprochen
wurden. Die Fachschule, die nach dem Vorbild früherer Werks-
schulen durch den Maler Prof. Werner Laux errichtet wurde, war
nur wenige Jahre nach ihrer Gründung von Wismar nach Heiligendamm verlegt worden. Hier wurde sie in den ersten Jahren durch
den Bildhauer Reinhard Schmidt geleitet. In Heiligendamm gab es
ausreichendes und zusammenhängendes Gelände für Werkstätten,
Unterrichtsräume und Internate.
Ein anderes Thema bei diesem Treffen wurde durch den Kurbetrieb bestimmt.

Mit frischer Kraft an den Arbeitsplatz

*„„Seit fünf Jahren haben wir das Zehnfache an Kurplätzen entwickelt, wo-
von ein Viertel als Heilkuren durchgeführt werden', betonte der Chefarzt
der Sanatorien und Genesungsheime Heiligendamm, Dr. Lothar Schirgel.
Er ist stolz darauf, in diesem Jahr auch erstmalig Bergarbeiter aus Zwik-
kau und dem Mansfelder Revier zu seinen Patienten zählen zu können, die
sich durch jahrzehntelange Arbeit unter Tage Schädigungen im Bereich
der Luftwege zugezogen haben. ‚Sie werden mit unseren natürlichen Heilfaktoren erfolgreich behandelt und kehren nach vier Wochen sonnenge-
bräunt und mit frischer Kraft an den Arbeitsplatz zurück.' Nicht nur die
vierwöchigen Heilkuren sind kostenlos, sondern auch die dreiwöchigen
Genesungskuren. ‚Besonders die älteren Kollegen sind dafür dankbar', er-
klärte der Arzt Johannes Lübcke. ‚Sie sind zum größten Teil noch nicht an
der See gewesen und haben nun dieses Erlebnis in Verbindung mit unserer
allseitigen Betreuung.'"*
(Ostsee-Zeitung Nr. 117 vom 22.5.1957, S. 5)

Seit 1955 begann man dann in Heiligendamm auch mit Heilkuren.
Es entstanden die Fachabteilungen für Hautkrankheiten (1955),
unspezifische (d.h. nichttuberkulöse) Erkrankungen der Atemwe-
ge (1956) und Herz-Kreislauf-Erkrankungen (1962).

116

Kolonnaden in Heiligendamm,
50er Jahre

Erfolgreiche Hautheilkuren

„Das große Verdienst, die Ostseeküste der DDR für die Thalassotherapie von Hautkranken erschlossen zu haben, gebührt Prof. Dr. Karl Linser, dem damaligen Direktor der Universitäts-Hautklinik der Charité zu Berlin. Ab 1954 ließ er erfolgreich Hautheilkuren an der Nordküste der Insel Rügen (Bakenberg, Kap Arkona) durchführen und bewirkte 1955 die Einrichtung der Hautabteilung, als erster Fachabteilung im Sanatorium Heiligendamm, die zunächst von Fachärzten der Universitäts-Hautklinik Rostock interimistisch betreut wurde.

Am 1.5.1957 übernahm Dr. Cuno Serowy die Leitung der Abteilung, deren 88 Betten auf drei kleinere Häuser verteilt waren. Bereits 1958 wurde die Abteilung in dem großen Haus ‚Mecklenburg' zusammengefaßt und

ihre Bettenzahl auf 130, 1961 auf die gesamte Bettenkapazität des Hauses von 180 erweitert."
(Serowy, Cuno, Das Ostseebad Heiligendamm und sein Sanatorium für Werktätige nach dem 2. Weltkrieg bis 1987. Heiligendamm 1992. MS, S. 8f.)

Serowy untersuchte mit quantifizierenden Methoden besonders die Einwirkungen des Küstenklimas an der Ostsee auf Patienten mit endogenem Ekzem und Schuppenflechte, zwei genetisch determinierten, oft den ganzen Körper befallenden Hautkrankheiten. Er erzielte sehr gute Ergebnisse in der Linderung oder Milderung der Beschwerden. Besondere Erfolge zeigten sich nach Wiederholungskuren.

Heiligendamm bestand aber schon längst nicht mehr nur aus dem „Sanatorium für Werktätige", wie es nun hieß, sondern hatte mehrere Gaststätten, Geschäfte und etwa 200 Einwohner. Die Fachschule für Angewandte Kunst mit etwa 200 Studenten gehörte in der Zwischenzeit fest zum Ort. Die Ausbildung erfolgte überwiegend in auf Industriedesign orientierten Fächern. Ansätze in den freien Künsten, wie Bildhauerei, blieben Episode. Das schloß allerdings nicht aus, daß viele Absolventen sich später ganz oder teilweise der bildenden Kunst zuwandten. Zahlreiche Formgestalter, Gebrauchsgrafiker, Innenarchitekten, Farb- und Oberflächengestalter, Schmuckgestalter und Keramiker haben die Schule erfolgreich durchlaufen. Namhafte Gestalter gingen aus ihr hervor. Die verschiedenen Fachrichtungen wechselten im Laufe der Zeit zwar häufig ihre Bezeichnungen, die Zielrichtung auf Industriedesign blieb aber erhalten. Daß dem Design in der DDR davon leider nicht viel anzumerken war, ist aber nur in den wenigsten Fällen den hier

118

Fachschule für Angewandte Kunst in Heiligendamm

tätigen Lehrern oder Studenten anzulasten. Im Erscheinungsbild des Ostseebades traten die Kunststudenten, wie sie von den Einheimischen und Kurgästen oft genannt wurden, außer ihrer etwas auffälligeren Kleidung besonders durch das Seifenkistenrennen, Umzüge am 11.11., den Fasching oder das Drachenfest in Aktion, wobei derartige Veranstaltungen oft argwöhnisch von politisch „Zuständigen" beobachtet wurden. Typisch in der politischen Kurzsichtigkeit war z.B. das Verhalten von Schulleitung und übergeordneten Stellen, als 1971 der Fasching unter dem Thema „Klosterlicher Fasching der FaK" stattfinden sollte. Wenige Tage vor Beginn der drei tollen Tage wurde festgelegt, daß alle christlichen

Symbole und Hinweise vermieden und entfernt werden sollten. Im Westen hatte nämlich gerade die Jesus-Christ-Superstar-Welle gewogt. Die üblichen und schon fertigen Keramikplaketten für jeden Teilnehmer am diesjährigen Fasching mußten so zerteilt werden, daß das Wort „Kloster" verschwand. Die extra gedruckte Eintrittskarte sollte so in der Mitte zerrissen werden, daß auch hier das anstößige Wort in den bereitstehenden Papierkorb und unter strenger Bewachung in den Abfall wandern konnte.

Das Sanatorium blieb natürlich von derartigen Episoden unbeeinflußt und entwickelte sich kontinuierlich. Es war in der gesamten Zeit seines Bestehens als staatliche Institution trotz vieler Nöte nie ernsthaft in seiner Existenz gefährdet. Zum 175. Jahrestag der Gründung konnte erfreuliche Bilanz gezogen werden.

175 Jahre Ostseebad Heiligendamm

*„Wo sich heute an jedem Tag des Jahres etwa 750 Patienten ... erholen, stehen jährlich Haushaltsmittel in Höhe von rund vier Millionen Mark zur Verfügung. ... Heute werden an diesem Stück Ostseeküste über viertausend Heilkuren, rund dreitausend Genesungskuren und etwa fünfhundert Vorbeugungskuren vorgenommen. ... Die unmittelbaren Kosten, die von der Sozialversicherung übernommen werden, betragen für jeden Patienten zwischen 474 und 679 Mark. ... Das internationale Interesse für Fachveröffentlichungen aus Heiligendamm ist gewachsen, und der Chefarzt (und bis 1984 Ärztliche Direktor – W.K.) Cuno Serowy berichtete, ‚das diesjährige Jubiläum war Anlaß für eine erste gemeinsame Tagung von Medizinern der DDR und der Volksrepublik Polen über Meeresheilkunde, Bioklimatologie und physikalische Medizin, an der sich auch Spezialisten aus Bulgarien, Rumänien und aus Westdeutschland beteiligt hatten.'"
(Ostsee-Zeitung vom 31. 8. 1968, Wochenendbeilage Nr. 35, S. 3)*

Am Strand von Heiligendamm

Der Damm

Der Gespensterwald

121

Die Verringerung der Zahl jährlicher Kuren gegenüber den 50er Jahren ergab sich aus der Verlängerung der Aufenthalte bei Heilkuren bis zu sechs Wochen gegenüber den nur dreiwöchigen Genesungs- oder vorbeugenden Kuren. In den folgenden zwei Jahrzehnten wurde die Zahl durch die Hinzuziehung von Außenbetten in Privathäusern und außerhalb der Saison ungenutzten Ferienheimen auch in Kühlungsborn und Börgerende wieder auf über 11 000, davon etwa 2000 Hautheilkuren, erweitert. Damit war auch die Schmerzgrenze erreicht. Enger konnten die Zimmer nicht belegt werden.

Der etwas nüchterne medizinische Kurbetrieb wurde natürlich im besten Vogelschen Vermächtnis durch Konzerte, Tanz, Kino und Bunte Abende aufgelockert. Dem Vergnügen wurden allerdings zeitliche Schranken gesetzt, denn ab 22.00 Uhr waren die Haustüren verschlossen und Nachtruhe verordnet. Verletzungen des strengen Kurreglements wie Alkoholmißbrauch oder grobe Übertretung der „Sperrstunde" konnten mit Kurabbruch bestraft werden.

Kein Kraut war gegen das weitverbreitete Kurschattendasein gewachsen. Es soll Kurgäste gegeben haben, die bereits am Ankunftstag das „Material" begutachteten und dann schnell handelten, um nicht zu spät zu kommen. Nachtschwestern können stundenlang von im Bad eingeschlossenen Pärchen (es gab kaum Einzelzimmer), Fassadenkletterern oder ertappten Sündern berichten. Aber ein Kurbad ohne diese „Schattenseiten" wäre wohl auch um einen Erholungsfaktor ärmer.

Eine Rennsaison erwachte nicht wieder zum Leben. Wurden bis zum Ende der 50er Jahre noch hin und wieder vereinzelte Motor-

Der Molli – die beliebte Schmalspurbahn

radrennen gefahren oder die Rennbahn als Landeplatz für einen alten Doppeldecker genutzt, der vor 1961 Rundflüge anbot, über- gab man das Gelände seit den 60er Jahren ganz der landwirtschaft- lichen Nutzung. Nur die Lindenalleen von der Landstraße zur Rennbahn blieben als Erinnerung stehen.

Regelmäßige Unterbrechungen des Kurbetriebes gab es zwischen Weihnachten und Neujahr und von 1958 bis 1975 für knapp drei Wochen im Juli. Diese Zwangspause mitten im Sommer war einem politischen Ereignis geschuldet, das unter dem Namen „Ostsewo- che" stattfand, wobei Gewerkschafter der Ostseeanliegerstaaten, Norwegens und Islands sich zu Arbeiterkonferenzen trafen. Die

Lindenallee von Bad Doberan nach Heiligendamm

Treffen trugen erheblich zur allgemeinen völkerrechtlichen Anerkennung der DDR bei. Am Rande der Konferenzen gab es eine ganze Reihe kultureller und sportlicher Veranstaltungen.

Die Tagungsteilnehmer mußten aber auch untergebracht werden, und dazu war u. a. Heiligendamm ausersehen. – Sehr zum Leidwesen der Mediziner, denen diese Unterbrechung der eigentlichen Arbeit im Sommer überhaupt nicht zusagte, und sehr zur Freude der Dorfjugend und etlicher Einwohner, gab es doch die Möglichkeit, die eine oder andere D-Mark weit unter dem üblichen Schwarzmarktkurs zu tauschen und darüber hinaus endlich einmal „richtiges" Nachtleben zu entfalten, denn die Sperrstunde galt natürlich in diesen Tagen nicht.

Kuratmosphäre in Heiligendamm, 1993

Fritz-Reuter-Haus

Die Katholische Kirche in Heiligendamm

Die vielen persönlichen Einladungen nach Skandinavien konnten dann allerdings nicht realisiert werden.

Nicht nur die Bettenhäuser, sondern fast alle Gebäude des Sanatoriums blieben als bauliche Pflegefälle ein Faß ohne Boden. Die alle zwei Jahre wieder aufgebrachte weiße Farbe konnte darüber kaum hinwegtäuschen. Die zum Teil über hundert Jahre alten Bauten wiesen erhebliche Langzeitschäden auf und benötigten fast alle eine Sanierung, die einem Neubau gleichkam. Die Notwendigkeit der Kuren für die Häuser wurde sogar von der höchsten DDR-Instanz in diesen Fragen anerkannt. So war im Entwurf der Direktive des IX. Parteitages der SED zur Entwicklung der Volkswirtschaft der DDR 1976 bis 1980 zu lesen: „Im Sanatorium Heiligendamm sind Erhaltungs- und Rekonstruktionsmaßnahmen durchzuführen." Ein solcher Satz in einem solchen Papier hatte material- und geldbeschaffende Wirkung. Mitunter führte die Sanierung leider auch zu mißlungenen Einzelbeispielen wie der erheblichen Veränderung alter Fensterstrukturen am Maxim-Gorki-Haus. Später wurde das gesamte Ensemble unter Denkmalschutz gestellt. Verstärkte Bauleistungen unter Berücksichtigung denkmalpflegerischer Aspekte ließen sich 1983 für Heiligendamm im Vorfeld einer Generalkonferenz des ICOMOS 1984, der internationalen Denkmalpflegeorganisation, verwirklichen. Die Tagung, die in Rostock und Dresden stattfand, hatte u. a. das älteste deutsche Seebad auf dem Exkursionsprogramm. In dieser Situation ließ sich die ewig zu kurze Materialdecke ein wenig stärker nach Heiligendamm ziehen und ermöglichte die Restaurierung der Säle.

Eine abschließende Lösung der baulichen Probleme war damit aber noch längst nicht erreicht.

Das Doberaner Münster

Palaisgebäude in Doberan

Pavillon auf dem Kamp

Seit 1984 steht das Sanatorium unter der Leitung von Dr. Christian Schütt, der besonders den Bereich zur Heilung von Lungenschäden erweiterte und modernisierte. Auch er mußte sich aber unmittelbar neben diesen medizinischen Aufgaben mit Bauangelegenheiten beschäftigen.

Die gute Beziehung nach Bitterfeld

„Ein siebzehn Millionen kostendes Heizwerk entstand, als man ‚die Gassen nutzte, die neben der Hauptstraße der Planwirtschaft lagen'. Da gab es Patienten in Heiligendamm, die gute Beziehungen zum Bitterfelder Chemiekombinat besaßen. Heiligendamm stellte Kurplätze für Bitterfeld zur Verfügung, Bitterfeld lieferte der Landwirtschaft im Kreis Doberan dringend benötigte Chemikalien. Als Dank dafür baute der landwirtschaftliche Baubetrieb das Heizwerk. ...

Unverhofft zu Geld kam man auch durch die Turbulenzen der Wirtschafts- und Währungsunion: So standen eigentlich noch beträchtliche Summen für Renovierungsmaßnahmen (am Haus Berlin – W. K.) bereit. ‚Vor der Währungsunion wurden dann unsere Konten gesperrt und die Rechnungen von der Regionalverwaltung in Rostock beglichen. Als die Konten wieder freigegeben wurden, stellte sich heraus, daß sie nicht belastet worden waren.' ...

Schütt ... schaffte mit dem auf den Konten verbliebenen Geld moderne Lungenfunktionsgeräte und Laboreinrichtungen an, verbesserte Einrichtungen der Physiotherapie und gestaltete den Küchentrakt neu." (Frankfurter Allgemeine Zeitung vom 29. 4. 1991, S. 12)

1990 erfolgte nicht nur die Umbenennung in „Ostsee-Klinik", sondern auch die Senkung der sehr hohen Bettenkonzentration auf 215. Noch standen medizinische Zielstellungen vor Fragen der wirtschaftlichen Rentabilität. Träume von einem Staatsbad reiften nicht.

Ostseeklinik Heiligendamm

Abhilfe und Wirtschaftlichkeit sollen durch den Verkauf an ein Unternehmen zum Betrieb einer Rehabilitationsklinik, die einen Neubau einschließt, geschaffen werden. Gegen den geplanten Standort wendet sich allerdings eine Bürgerinitiative, die der Gefahr einer Vernichtung von wertvollem Buchenbestand eine Alternative an einem anderen Bauplatz entgegenhält.

Ausblick

Seit Juli 1992 lief ein Ausschreibungswettbewerb zum Verkauf, der eine umfassende Sanierung der gesamten Anlage einschließt, die auf etwa 500 Millionen taxiert wird. Eine Entscheidung fiel im Frühjahr 1993.

Die Finanzministerin von Mecklenburg-Vorpommern, Bärbel Kleedehn, wünschte in diesem Zusammenhang vor der Presse: „Heiligendamm soll als Bade- und Ferienort wieder an Blütezeiten wie im 19. Jahrhundert und in den 20er Jahren anknüpfen." Und der Doberaner Landrat, Diethelm Hinz, erinnerte sich an die Spielbank von Friedrich Franz I.: „Wir wissen, daß in Mecklenburg-Vorpommern wahrscheinlich nur zwei Orte die Spiellizenz erhalten werden. Wir möchten gerne dabeisein."

Daß auch das ehrwürdige Ostseebad Heiligendamm in seiner klassischen Gestalt dabei erhalten bleibt, ist zu hoffen und wäre zu wünschen.

Quellen- und Literaturverzeichnis

Apperley, Charles James, Aus alten Zeiten. Berlin/Leipzig/Wien 1910.

Bad Doberan und Heiligendamm in alten Ansichten. Zaltbommel 1991.

Becker, H. F., Topographische Beschreibung des heiligen Dammes bey Dobberan und Redewisch. Schwerin 1792.

Becker, J. H., Doberan im Sommer 1837. O. O., o. J.

Böttge, Bruno, Die weiße Stadt am Meer. Ostseebad Heiligendamm. Heiligendamm (1953).

Burchhard, Johann Friedrich Theodor, Kurze Bemerkungen den Heilgen Damm bei Doberan und Rehdewisch betr. Rostock 1785.

Der Christ bey dem Heiligen Damm. o. O. 1761.

Dresen, W., Doberan und seine Umgebungen. Rostock 1834.

Ellmenreich, Albert, Alt Schweriner Hoftheater, 1830 – 1859. Schwerin o. J.

Gronau, Das Moorbad Bad Doberan. Neubukow (1962).

Heißel, Sebastian, Geschichte der Stadt Bad Doberan. Wismar 1938.

Hesse, Heinrich, Die Geschichte von Doberan und Heiligendamm. Bad Doberan 1925.

J., F., Am heiligen Damm bei Doberan. Eine historische Skizze. Hamburg 1881.

Koppe, Johann Christian, Sonntagsleben in Doberan. Schwerin (1806).

Kortüm, Adolf, Fliegende Blätter vom Heiligen Damm. Rostock 1864.

Ders. Das Doberaner Seebad. Der Heilige Damm. Rostock 1858.

Krempien, Margot, Schweriner Schloßbaumeister G. A. Demmler 1804 – 1886. Schwerin 1991.

Maltzan, Julius, Erinnerungen und Gedanken eines alten Doberaner Badegastes. Rostock 1893.

Meyer-Scharffenberg, Fritz, Zwischen Strom und Haff. Rostock 1958.

Nizze, Adolf, Doberan - Heiligendamm. Geschichte des ersten deutschen Seebades. Rostock 1936.

Nugent, Thomas, Reisen durch Deutschland und vorzüglich durch Mecklenburg. Berlin und Stettin 1781/82.

Ostseebad Heiligendamm. (Berlin 1932).

Ostseebad Heiligendamm. O. O. (1925).

Ostseebad Heiligendamm. Ältestes und schönstes Seebad an der Ostseeküste. O. O. (1913).

Ostseebad Heiligendamm gegr. 1793. (Lübeck 1912).

Das Ostseebad Heiligendamm bei Doberan in Mecklenburg. Güstrow 1887.

Reise eines Gesunden in die Seebäder Swinemünde, Putbus und Doberan. Berlin 1823.

Rewaldt, Helge. Bad Doberan. Heiligendamm. Rostock 1991.

Röper, Geschichte und Anekdoten von Doberan in Mecklenburg. Neustrelitz 1797.

Rudloff, A., Bilder aus der Mecklenburgischen Geschichte. O.O. 1912.

Sachse, Johann David Wilhelm, Geschichtliche Bemerkungen zu der Feier des fünfzigjährigen Bestehens des Doberaner Seebades. Rostock 1843.

Ders. Ueber die neueingerichtete Milch- und Molkenanstalt in Verbindung mit Seebädern und dem inneren Gebrauch des Meerwassers am Strande zu Doberan. Schwerin 1848.

Ders. Ueber die Wirkungen und den Gebrauch der Bäder, besonders der Seebäder zu Doberan. Berlin 1835.

Schreiber, v., Doberan und Heiliger Damm. Rostock 1855.

Serowy, Cuno, Das Ostseebad Heiligendamm und sein Sanatorium für Werktätige nach dem 2. Weltkrieg bis 1987. Heiligendamm (1992) MS.

Sparre, Rose-Marie, Die Entwicklung des ersten deutschen Seeheilbades 1793–1969. Rostock 1970. Diss. Med. Fakultät vom 26. Januar 1970, MS.

Sponagel, G.C., Des Vetters Feldzug in die Seebäder zu Doberan. Hannover 1826.

Studemund, Heinrich Georg, Gedichte. Rostock 1833.

Thielcke, Hans, Die Bauten des Seebades Doberan-Heiligendamm um 1800 und ihr Baumeister Severin. Doberan 1917.

Vogel, Samuel Gottlieb, Annalen des Seebades zu Doberan vom Sommer 1799. Rostock 1800.

Ders. Handbuch zur richtigen Kenntnis und Benutzung der Seebadeanstalt zu Doberan. Stendal 1819.

Ders. Ueber die bisherige Anwendung und Wirkung des Mecklenburgischen Seebades bey Doberan. Rostock 1797.

Ders. Zur Nachricht und Belehrung für die Badegäste in Doberan im Jahre 1798.
Rostock 1798.
Ders. Ueber die Seebade-Curen in Doberan im Jahre 1798. Rostock 1799.
Volckmann, Erwin, Heiligendamm. Rostock 1890.
Wundemann, Johann Christian Friedrich, Mecklenburg in Hinsicht auf Kultur,
Kunst und Geschmack. O. O. 1800.
Zur fünfzigjährigen Jubelfeier des Seebades zu Doberan am zehnten August 1843.
Schwerin (1843).

Mecklenburgisches Landeshauptarchiv (MLHA)

Großherzogliche Vermögensverwaltung
Ministerium des Innern vor 1945
Ministerium des Innern nach 1945
Ministerium für Unterricht, Kunst, geistliche und Medizinalangelegenheiten
Ministerium der Finanzen
Amtsgericht Doberan
Großherzogliche Badeintendantur
Domanialamt Doberan
Kabinett I, II und III

Stadtarchiv Rostock

Ratsakten

Periodika

Auszug der Neuesten Zeitungen
Landes-Zeitung für Mecklenburg-Vorpommern
Mecklenburgische Monatshefte
Mecklenburgische Nachrichten
Mecklenburger Nachrichten
Mecklenburger Warte
Niederdeutscher Beobachter
Ostsee-Zeitung
Rostocker Anzeiger
Rostocker Zeitung

Personenregister

Adolf Friedrich, Herzog zu Mecklenburg, S. 84, 89
Aepinus, Angelius Johann, S. 12
Alban, Ernst, S. 46
Alexandrine, Großherzogin von Mecklenburg-Schwerin, S. 40, 64
Becker, Albert, S. 39
Blücher, Gebhard Leberecht, Fürst von Wahlstatt, S. 26, 31
Böckenhauer, Heinrich, S. 71
Böttge, Bruno, S. 110
Bülow, Friedrich von, S. 62
Bülow, Ernst von, S. 77
Catalani, Angelica, S. 27
Carlebach, Alexander, S. 83
Christian Ludwig, Herzog zu Mecklenburg, S. 108
Demmler, Georg Adolph, S. 40, 43, 45, 114
Devrient, Ludwig, S. 27
Elbrecht, Lutz, S. 108
Friedrich Franz I., Großherzog von Mecklenburg-Schwerin, S. 8, 17, 22, 29, 31, 38, 82, 130
Friedrich Franz II., Großherzog von Mecklenburg-Schwerin, S. 40
Friedrich Wilhelm III., König von Preußen, S. 40
Glüenstein, Adolf, S. 71
Goebbels, Josef, S. 99
Göring, Heinrich, S. 99
Hahn, Graf von, S. 16
Hardenberg, Karl August, Fürst von, S. 26
Heinkel, Ernst, S. 99
Hildebrandt, Friedrich, S. 99, 101

Hindenburg, Paul von, S. 88f.
Hinz, Diethelm, S. 130
Hitler, Adolf, S. 99
Hopfgarten, Ernst von, S. 50
Hünefeld, Baron von, S. 90
Hufeland, Christoph Wilhelm, S. 8
Huschke, Gottlieb Immanuel, S. 18
John, Eugenie alias E. Marlitt, S. 71
John-Marlitt, Walter, S. 70
Kahlden, Baron Otto von, S. 53, 58, 63f., 70
Kahlden, Baron Rudolf von, S. 70, 76
Kegebein, Adolf, S. 108
Kirchgeorg, Otto, S. 87
Kleedehn, Bärbel, S. 130
Knaack, Fritz, S. 85
Köhl, Franz, S. 90
Kortüm, Adolf, S. 39, 48, 51
Kramer, Kurt, S. 84f.
Kreuzer, Heinrich, S. 94
Lachmann, Julius, S. 71
Langhans, Carl Gotthard, S. 14
Lauremberg, Wilhelm, S. 11
Laux, Werner, S. 116
Lichtenberg, Georg Christoph, S. 8
Liebscher, Friedel, S. 113
Lindenberg, Heinrich, S. 78
Linser, Karl, S. 117
Lübcke, Johannes, S. 116
Luise, Königin von Preußen, S. 40
Marie, Großfürstin von Rußland, S. 56
Mellendorf, Friedrich, S. 65, 71, 76, 78
Moltmann, Carl, S. 108
Mussolini, Benito, S. 99
Nostiz, Graf August von, S. 26

135

Autor

Wolf Karge, geb. 1951 in Schwerin. Wuchs in Heiligendamm auf. Nach dem Studium Archivwesen in Potsdam und Geschichte an der Humboldt-Universität zu Berlin promovierte er an der Rostocker Universität zu einem regional- und sozialgeschichtlichen Thema. Nach der Tätigkeit im Staatsarchiv Schwerin war er im Kulturhistorischen Museum Rostock vierzehn Jahre, zuletzt als Direktor, tätig. Seit 1991 wirkt Wolf Karge freiberuflich als Publizist und Autor für Hörfunk, Verlage und Zeitungen zu Themen regionaler Kultur-, Kunst- und Sozialgeschichte.

Fotograf

Egon Fischer, geb. 1934 in Frankfurt am Main. 1954 machte er Abitur und legte 1961 das Staatsexamen im Fach Kunsterziehung/Geschichte an der Universität Leipzig ab. 1971 erfolgte eine Fotografenausbildung. Egon Fischer ist seit 1972 freischaffend als Fotograf tätig.

Wir machen den Weg frei

ⓥⓧ Volksbanken · Raiffeisenbanken

Museen der Stadt Bad Doberan

Stadtmuseum
„Möckel Haus"
Ausstellung zur Geschichte des ersten deutschen Seebades Doberan-Heiligdamm und des Badewesens an der Ostseeküste.

Literaturmuseum
„Ehm Welk-Haus"
Letzte Wohn- und Arbeitsstätte des Schriftstellerehepaars Ehm und Agathe Welk. Besichtigung der Orginalbibliothek.

Beethovenstr. 8   **Tel.: (03 82 03) 20 26**   **Dammchaussee 23   Tel.: (03 82 03) 23 25**